오 - 글

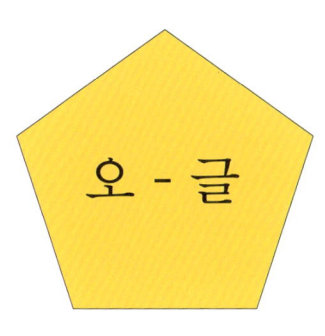

오 - 글

일상

공감과 성장

50일간의 글쓰기

관계　　　　　　　일

자아

청소년

김현아　김효빈　안순화　김은미　범경아　한신희　이주연　이경현　박진원　원지영　김영희

프롤로그 004

1. 관계
사랑하고 사랑받는

꿈꿔왔던 가치가 담기는 공간의 기록 / 이경현 010

좋은 어른 에피소드(1) 이상한 편의점 / 이경현 012

좋은 어른 에피소드(2) 학교에서 처음 만난 우리 편 / 이경현 016

좋은 어른 에피소드(3) 같이의 가치 / 이경현 019

아이들의 이름을 외우는 법, 나는 이미 답을 알고 있어 / 이경현 . . .022

나의 인연, 장인수 선생님 / 김효빈 .026

장미향을 풍기는 사람이 되고 싶어요 / 김효빈 030

친구들의 피드백 / 박진원 033

나의 부모 이야기 / 한신희 036

햇살 드는 동네 이야기(1) / 한신희 .039

미안하거나 고맙거나 / 한신희 042

환경 이야기 / 한신희 045

듣기 싫은 말, 듣고 싶은 말 / 범경아 055

글쓰기의 가치 / 김은미 060

2. 공감과 성장
존중하고 성장하는 이들

별점과 리뷰의 사회 / 이주연 066

인정하기 그리고 인정받기 / 이주연 .069

3의 법칙 / 이주연 072

적당한 결핍은 필요한가? / 이주연 .076

'334새글모'와 함께한 100일, 이후 북토크까지 / 김영희 079

행복의 기준 / 김효빈 083

예민해도 괜찮아 / 김효빈 086

죽음이 아닌 삶이 나의 목표 / 김효빈 090

치유와 배움의 글쓰기 / 김은미 094

글 쓰는 자의 자세 / 김은미 099

글쓰기의 영향력 / 김은미 103

모든 경험은 의미가 된다 : 나를 만들어온 도전의 순간들 / 안순화 . .106

3. 일상
일상을 살아내기
생각 틈내기 / 김영희 114
게으른 자들의 흡족한 하루 / 김영희 118
여유가 있어야 잘 보인다 / 범경아 122
전지적 아내시점 / 박진원 126
에피소드는 왜 계속되는가 / 박진원 129
아이들이 그러는 건 다 이유가 있어요 / 원지영 133
햇살 드는 동네이야기(2) 그녀들의 외출 / 한신희 136
'공세권'에서 만난 다양한 행복 / 안순화 139
이성에 관심 없는 딸들 / 안순화 142

4. 자아
나이는 숫자를 넘어
나를 스스로 만든 틀에 가두지 말자 / 김영희 148
지천명, 50세+@ / 범경아 152
페르소나 / 이주연 155
뚜벅뚜벅 걸어가겠어요 / 김은미 158

5. 일
일에서 오는 특별함
범쌤의 트라우마 극복기 / 범경아 164
출강을 위한 기도 / 범경아 168
예술특화팀으로 발령 나서 적응 중인 청소년지도자의 끄적끄적 / 원지영.. 172
입사 한 달 차 신입 직원의 일기 / 김현아 175
입사 두 달 차 신입직원의 일기 / 김현아 178
입사 세 달 차 신입직원의 일기 / 김현아 181
직장을 다니며 생긴 특별한 관계 / 김현아 184

6. 청소년
우당탕탕 청소년활동
코로나 종식 이후 두 번째 맞이한 여름방학 / 김영희 190
우당탕탕 입시설명회 / 박진원 194
너희는 귀하다 / 박진원 197
청소년답다 / 원지영 200
청소년센터만 할 수 있는 것으로 생각했던 일 / 원지영 203
청소년 자치+문화예술=멋진 청소년 활동 프로그램 탄생! / 원지영 .206
선생님, 저 자퇴했어요 / 안순화 210
그래, 해보는 거야 / 안순화 214

저자소개 218

프롤로그

따뜻한 정이 흐르는 오글거리는 공간
'50일 무조건 하루 글쓰기 모임'을 구성원들은 줄여서
'오글'이라고 부른다.

'오글 3기' 마지막 날이다. 각자의 자리에서 콜라, 맥주 등 음료를
가지고 와서 건배했다. 줌(zoom)으로 모여 있는 우리들의 공간이
따뜻해졌다. 전국에서 청소년활동 등 다양한 일을 하는 40여 명의
선생님들이 모여서 50일간 매일 글을 쓰고 나누었다. 이번 3기는
10대부터 50대까지 다양한 세대가 함께 하면서 글의 내용도
풍성했다.

'청소년활동글쓰기네트워크' 일명 '청글넷'에서 만들어 가고 있는
'오글'은 글쓰기만을 목적으로 하지 않는다. 어쩌면 글은 수단일
수도 있다. 우리가 삶에서 남기고 싶은 글을 매일 쓰고 그 안에서
만나는 사람들과의 관계에서 무조건적 지지를 통한 환대의 공간을
만들어 내는 일이 본질이다.

일주일에 5일, 10주의 시간이 지나면서 이 책이 만들어졌다. 매일
자신의 파트너에게 자기가 쓴 글을 보내면서 하루를 시작했다.
글을 읽은 파트너는 정성스레 답글을 보내오기도 하고 하루를
응원해 주었다. 회원들 간 5명 내외가 모인 조가 만들어졌고
서로의 글을 읽고 응원하며 카톡과 카페 게시판에 '댓글'과
'좋아요'가 이어졌다. 자발적인 조 모임이 생기면서 그 안에서도
울고 웃었다. 이분들의 밝은 웃음과 긍정적인 관계를 보면서 그냥
좋았다.

몇 번 벼르며 준비했던 에세이도 출간할 수 있게 되었다. 오글에
참여한 분 중 11명이 그간 쓴 글을 파트너 간에 수정 보완하면서
퇴고하기 시작했다. 글이 모였다. 바로 이 책이다. 거기에
'리빙룸루틴'의 김미경 대표님을 만나면서 글에 날개를 달게
되었다. 출판이 성사된 것이다.

마지막 모임에서 소감을 나누었다. 마음이 힘들고 의욕이 없을 때
스스로 내적인 그 무엇을 끌어 올리려고 글을 쓰면서 거짓말처럼
힘들었던 게 없어졌다는 분이 계셨다. 숙제처럼 매일 글을 쓰다가
지금은 일상이 되어서 삶에 도움이 되고 있다는 분, 신입으로
직장생활 시작했고 5개월 중 그 반이 '오글'이었고, 모임 안에서
삶을 응원해 주는 소중한 선배들을 만났다면서 고마워했다.

글로 사람을 알아가는 일이 좋았는데 조별 모임 하면서 삶의 공감대가 컸다는 선생님이 있었다. 50대의 선생님 한 분은 이번에 가정 안에서 독립을 이루어 냈다. 모두에게 큰 박수를 받았다. 평생 남편과 자녀들 위해서만 살았는데 이번 글쓰기를 통해서 자신을 위해서 필사도 하고 책도 읽고 글쓰기에 집중하며 자신을 돌본다고 하셨던 것.

소소하지만 매일 이어지는 감사와 응원, 지지의 몇 마디가 우리 일상을 얼마나 풍요롭게 하는지 알게 된다.

나는 이런 사람들이 좋다. 그냥 좋은 게 아니다. 너무 좋다. 누군가 그랬듯이 곰국처럼 우려 가는 '글쓰기'로 자기 삶을 성찰하고, 만나는 모든 이들이 잘되기를 매일 응원하는 마음이 그대로 전해져서다. 그 환대의 마음을 아는 사람만 안다.

3기 마지막 모임 후 오글 간사인 달그락의 김현아 선생님이 *"대표님, 저희 선생님들도 모두 이 느낌 아시겠죠?"* 라고 질문 반 독백 반을 전하며 환하게 웃는다. 삶을 글로 나누면서 만들어지는 그 따뜻한 '정'으로 인해 청소년 현장에서 또는 그들의 일터에서 더 깊고 가치 있는 활동을 만들어 갈 것이다.

나 또한 사람들과의 '정'으로 인해 가슴 설레고 따뜻함에 이르는 그 환대의 공간을 만들고 참여하면서 또 하루를 살아 낼 힘을 얻었다. 오글이 그러한 공간을 만들면서 이 책이 나오게 되었다.

책이 나오기까지 고마운 사람이 많다. 가장 먼저는 이 책에 공저자들이다.

청소년의 그늘을 부지런히 빛으로 채우고 있는 김현아 작가, 청소년 그 자체가 되고 싶어 하는 김효빈 작가, 청소년도 나도 행복한 세상을 꿈꾸는 안순화 작가, 글쓰기의 매력에 빠져 최근 완전한 독립을 선언한 김은미 작가, 사람과 사람 사이를 잇기 원하며 사회복지 현장에 강의하고 나눔을 실천하는 범경아 작가, 일상이 기적임을 매 순간 느끼며 만나는 모든 이들에게 따뜻함을 나누며 살아가는 한신희 작가, 청소년지도자를 천직으로 여기며 좋은 영향력을 끼치며 활동하는 이주연 작가, 청소년의 단짝 친구인 뽀또 선생님으로 다정함이 넘치는 이경현 작가, 학교 밖 청소년을 위해서 활동하며 따뜻한 마음으로 남편과 가족을 돌보는 박진원 작가, 청소년을 사랑하는 모든 이들이 위로받으며

연대하기를 원하는 원지영 작가, 청소년지도사로서의 직업 가치를
가지고 청소년이 행복하기를 바라는 김영희 작가. 이분들이
계셔서 오글이 오글거리며 갈 수 있었고, 이 책도 나왔다. 이 책을
통해 또 다른 사람들이 '정'을 느끼며 그들만의 따뜻함을 나누려고
할 것이다. '오글'을 출판할 수 있도록 디자인과 편집을 도맡아
주신 김미경 대표님께도 다시 한 번 깊은 감사를 드린다.

글쓰기를 통해서 매번 나를 다시 돌아본다. 글 쓰는 사람들의 글을
통해서 나와 타자를 보게 된다. 그 안에서 어떻게 사는 게 잘 사는
일인지 성찰한다. 이 책 또한 나와 타자를 돌아보게 했다.

오글을 대표해서 여는 글 적는다기보다는, 가장 오글거리는
사람이 한마디 했다고 보면 좋겠다. 모두가 감사다.

2024년 12월 끝자락에
정건희 씀

1.

관계

사랑하고, 사랑받는

꿈꿔왔던 가치가 담기는 공간의 기록

이경현

6월 마지막 주 토요일, 분기마다 돌아오는 포인트마켓이 오랜만에 열렸다. 아지트 출석 포인트를 열심히 모아 상품과 교환할 수 있는 포인트마켓. 이번엔 포인트를 '빙수'와 교환하는 이벤트를 준비했다.

포인트마켓을 준비하며 꼭 챙겨야 하는 것은 최근 회원 가입한 친구들이나 이벤트 당일 처음 온 친구들이 포인트가 부족해도 함께 즐길 수 있도록 포인트 충전 미션을 준비하는 것이다. 이번엔 문화의집 퀴즈와 더불어 문화의 집에 고마웠던 점을 적으면 포인트를 주는 미션을 준비했다. 포인트를 채우려고 달려와선 짧은 고민 끝에 꾹꾹 눌러 담아 고마웠던 점을 적는 아이들의 눈에 빙수를 향한 뜨거운 열망이 어찌나 가득하던지! 뭐라 적었는지 궁금해 할 틈도 없이 북적이는 줄에 우선 열심히 빙수를 나누기에 집중했다.

폭풍 같던 빙수 판매가 완판으로 마무리되고, 자리에 앉아 아이들이 썼던 후기들을 찬찬히 들여다보니 그 속에서 놀랍게도 우리가 지향하던 '가치'들을 발견할 수 있었다. 문화의집 개관멤버로 입사해 이 공간이 어떤 공간이 되면 좋을까 상상하고 꿈꿀 때, 나는 감히 이 공간에 우리가 지향하는 가치가 담기길 바랐었다.

 아무것도 하지 않아도 언제든 놀러 올 수 있는 공간,
특별히 무언가를 잘 해내지 않아도 아무 이유 없이 사랑받는 공간,
청소년의 이야기가 모여 ON이 되는 공간!
거창한 방법이 아니더라도, 아이들의 이름을 기억하고 불러주고

고민을 함께 나누고 같이 놀기도 하며 보낸 이 시간이 아이들에게 숨 쉴 틈이 되었다니 정말 다행이라는 생각과 동시에 문화의 집을 이용한 아이들이 지도자의 이유 없는 환대를 경험하며 쉼을 연습할 수 있었다고 느꼈다는 것이 퍽 반갑고 기뻤다. 진심이 통한 기분!

앞만 보고 달려 나가기 바쁜 일상, 누군가를 챙기기보다 나 혼자가 익숙한 삶, 비우기보단 채우기가 정답인 환경 속에서 '쉼'을 이야기하고 '함께'와 '사랑'을 이야기하는 것은 어쩌면 아주 바보 같을지 모르나 사실 이 가치야말로 강함과 단단함으로부터 비롯된다.

사랑은 '배움'이기에 경험할수록, 내가 나눌 수 있는 사랑의 크기와 그릇이 커진다. 우리는 매일 이 공간에서 환대를 통해 사랑을 연습하고 존재 자체로 사랑받는 경험을 선물하고 또 누군가에게 그런 사랑을 전하는 존재가 되길 바라며 씨앗을 심는다.

앞으로 이 공간에 또 어떤 가치들이 담기고 싹을 틔우고, 아이들로부터 들려질지 기대되는 밤이다. 이 공간은 또 어떤 무한한 가치를 꽃피우게 될까?

좋은 어른 에피소드(1)
이상한 편의점

이경현

누군가 내게 그동안 만난 사람 중 가장 '좋은 어른'에 관해 묻는다면 제일 먼저 떠오르는 사람이 있다. 대학교 4학년, 졸업을 준비하며 반년 정도 일했던 편의점 사장님 부부를 만난 '이상한 편의점'. 이번엔 그 에피소드를 적어보려고 한다.

대학교 2학년, 인생 첫 아르바이트로 빵집에서 근무를 시작해 아직 익숙하지 않을 때 허둥지둥 일을 하다가 잠시 쉴 틈이 생겨 숨을 돌리고 있자 사장님이 내게 해주신 말씀이 기억난다.

"가만히 있지 말고 할 일은 찾아서 해야 하는 거야. 주인의식을 가져야지."

순간 당황스러웠다. 일을 시작한 지 얼마 되지도 않았는데, 나는 이곳의 '주인'이 되고 싶어서 알바를 시작한 게 아닌데! 일을 배우기 위해 허덕이느라 아직 가게에 익숙해지기도, 정을 붙이기도, 소속감이 생기기도 전에 맥락도 없이 내게 주어진 미션이었다. 그와 동시에 처음 만난 사회의 쌀쌀함에 잔뜩 움츠려 긴장했던 기억이 난다. 그래, 직장이 학교는 아니라는 말엔 다 이유가 있겠다 싶었다. 사회에서 따뜻함을 기대하긴 어려울 테지! 그렇게 알바를 해나갔던 기억이 난다.

대학교 4학년, 졸업을 앞두고 집에서 다소 거리가 있는 편의점 아르바이트를 구했다. 편의점은 처음인지라 떨리는 마음을 가지고 낯선 동네로 면접을 보러간 날, 사모님은 읽던 책을 잠시 내려놓고 환하게 웃으시며 날 반갑게 맞아주셨다.

"경현 양, 반가워요! 오는데 어렵진 않았나요?"

퍽 다정한 인사에 괜스레 긴장이 풀리며 짧은 면접과 대화를 마치고 곧이어 합격 연락을 받았다. 학교에 다니면서 목·금·토 알바를 했던지라 목요일은 학교 끝나고 수원역에서부터 가산디지털단지역까지 지하철을 타고 와서 바로 출근해야 했다. 오고 가는 길이 다소 멀어 부랴부랴 출근하고 보니 면접 땐 미처 못 봤던 안내문들이 하나둘 눈에 들어오기 시작했다. 편의점 이곳저곳에 손글씨로 적어 붙여놓은 안내문엔 손님들에게 건네는 당부와 부탁이 적혀 있었다. 그러고 보니 면접 때 사모님께서 해주셨던 말이 떠올랐다.

"만약에 누가 경현 양을 함부로 대하면 내 조카라고 하고 화내도 돼요. 그래도 뭐라고 하면 내가 일하는 오전 시간에 다시 찾아오라고 하면 돼요."

첫 만남이었는데도 감탄할 수밖에 없었던 다정함이 이 공간 구석구석에도 묻어나고 있었음을 그제서야 발견할 수 있었다. 손님들의 눈길이 닿을 만한 곳엔 어김없이 안내문이 붙어 있었고 혼자 근무하는데도 정말 사모님이 사촌 언니마냥 든든한 느낌이 들 정도였다.

그뿐 아니라 이 이상한 편의점엔 이상한 규칙이 있었다. 모든 직원은 출근하면 매일 2,000원까지 먹고 싶은 간식을 무료로 먹을 수 있다는 규칙. 그 2,000원은 학교 끝나고 바로 달려온 날의 저녁 식사가 되기도 했고 졸업을 앞두고 한창 자격증 공부에 집중할 때 마실 커피나 음료가 되어주기도 했다. 그런가 하면 태풍이 오면서 바람이 심하게 불던 어느 여름, 사장님이 다급하게 연락을 주시더니 집 갈 때 꼭 택시 타고 들어가라며 현금을 챙겨주시지를 않나 명절이 되니 직원마다 선물 세트를 사서 한편에 쌓아두시고는 출근해서 하나씩 가져가라고 나눠주시기까지 했다.

이상했다. 아무리 생각해도 이상하다! 여기는 일하는 곳인데, 사장님과 나는 일로 만난 사이인데도 내게 왜 이렇게 다정할까? 그 이유는 알바 회식 때가 되어서야 알 수 있었다. 짧은 시간 근무하는 편의점 알바라 회식은 생각도 못 했는데 어느 날 사모님께 연락이 왔다. 혹시 술을 좋아하는지, 어떤 음식을 좋아하는지 등등 세밀하게 물어보시고는 곧이어 단체대화방에 공지가 올라왔다. 내가 일하는 시간대 말고는 편의점에 온 적이 거의 없어 다른 알바 분들을 잘 몰랐기에 다소 어색하게 회식 장소로 향했다. 패밀리 레스토랑에 모여 앉아 식사하며 대화를 나누다 보니 어김없이 사모님의 다정함이 자리를 가득 채웠다.

고용 관계로 만났지만, 자신은 항상 아르바이트 직원들이 가게 일을 도와주는 존재라고 생각해 늘 고맙다고, 그렇기에 힘든 일이나 모르는 일은 사장님, 사모님이 할 테니 언제든 미안해하지 말고 말해달라고 해주시던 말엔 진심이 가득 담겨 있었다.

좀 더 일하려고 하면 쉬엄쉬엄하라며 늘 말리시던 곳, 내가 단순히 기계의 부품으로 느껴지지 않던 곳, 이상한 편의점. 이상함을 잔뜩 경험한 나는 그 이상함 속에서 고마움이 피어나는 것을 느꼈고 나 또한 진심으로 내가 일하는 이 공간을 사랑하며 더 열심히 가꾸고 싶다는 마음이 생겼다.

그렇게 연말이 다가오고 손님이 뜸한 시간대에 틈틈이 준비했던 청소년상담사 그리고 청소년지도사 자격까지 모두 취득하고 졸업 준비까지 마치자 미룰 수 있을 만큼 미뤄왔던 이별의 순간이 다가왔음을 느꼈다. 그 당시 나는 졸업 후 1년 동안 영국으로 봉사활동을 떠나려고 준비하고 있었다. 면접까지 모두 통과해 다음 해 3월 출국을 앞둔 상황이었다. 어떤 알바를 하든 그만둔다는 말을 꺼내기가 참 쉽지 않았는데, 이번엔 아쉬움에 더욱 입이 떨어지지 않았고 결국 늦은 시간 장문의 카톡을 남기게 됐다. 그러자 사모님께 꽤 의외의 답장을 받을 수 있었다. 사모님은 아쉬움보다 진심이 담긴 축하를 건네주셨다. 다시

인사드렸을 때 사장님 부부는 좋은 기회로 그만두게 된 걸 정말
축하하고 그동안 도와줘서 정말 고마웠다고, 열심히 한 결과가
좋아서 기쁘다며, 어디에서든 예쁨 받았으면 한다며, 오히려
기뻐해 주셨다. 이별의 순간도 이렇게 행복할 수 있구나! 분명
이별이 쉽지만은 않으셨을 텐데 내 입장에서 헤아려 주시고
오롯이 나를 바라보며 응원해 주시는 사장님 부부에게 가득히
사랑받을 수 있었던 9개월은 지금까지도 잊히지 않는 따뜻함이다.

차가운 사회에서 만난 따뜻한 사장님 부부와의 시간은 졸업을
앞두고 이젠 정말 사회로 나아갈 내가 어떤 어른이 되고 싶은지
이상향을 그리게 해주었다. 사람을 소중히 대하고, 진심으로
축하와 응원을 건넬 줄 알고, 누군가의 작은 움직임도 당연히
여기지 않는 마음. 나는 사랑과 따뜻함을 잃지 않는 '좋은 어른'을
꿈꾸며 발을 내디뎠다.

좋은 어른을 만나면 좋은 어른이 되는 방법을 알게 된다. 그리고
꿈꾸게 된다. 내게 좋은 어른을 꿈꾸게 해준 사장님 부부에게
감사함을 전하며 받은 사랑을 돌려주는 삶을 꿈꿔본다.

좋은 어른 에피소드(2)
학교에서 처음 만난 우리 편

이경현

자라오면서 가족을 제외하고 가장 먼저 만나는 어른이 누군지 묻는다면
아마도 대부분의 아이들은 '선생님'이라고 대답할 것이다.
유치원부터 학교까지 나 또한 매년 선생님을 만나왔다. 오늘은 그중에서도,
학교에서 처음 만났던 '우리 편'을 소개해 보려고 한다.

학교의 주인을 묻는다면 누군가는 학생이라고 할 것이고 누군가는 교장선생님, 또 누군가는 선생님들을 이야기할 것이다. 2010년, 학교의 주인이 누구냐는 질문에 학생이라는 대답이 당연히 떠오르진 않던 시절이 있었다. 두발 규제, 교복 치마 길이 규제, 체벌 등 지금이라면 뉴스에서나 볼 법한 일이지만 그 당시엔 너무나 당연하게 이어져 오고 있었고 쉬는 시간에 복도에 나가면 선생님께 걸린 학생들이 나란히 엎드려뻗쳐 자세로 나무 몽둥이를 맞는 풍경이 무섭지만 익숙하기도 했었다. 불만은 가득했으나 막상 그 누구도 물음표를 던질 생각조차 못 했었던, 그러나 학교에서의 체벌 금지가 시작되며 조금씩 변화가 움트기 시작한 그런 때가 있었다.

그 해 2학년 3반 담임 선생님으로 만났던 선생님에 대한 첫 기억은 '독특함'이었다. 선생님이신데도 학생들과 스스럼없이 어울리고 우리에게 관심이 아주 많으셨던 선생님. 그 해에 학급 회장이었던 내게 선생님이 담당하고 계시던 학생회에서 함께 활동하는 것을 추천하셨고 면접을 통해 학생회 서기로 들어가게 됐다.

학생회에서는 각 학급 임원, 학생회가 모두 모이는 대의원회의를 주도했는데 선생님은 이 자리에서 학생들보다 더 열정적으로 교칙을 살피며 권리를 찾기를 제안하셨다. 선생님은 학교에 찾아온 변화에 학생들보다 더 적극적이었고 나는 그 모습이 꽤 신기했다. 그동안 누구도 바꿀 수 있으리라 생각 못한 교칙을 바꾸기 위한 논의를 적극적으로 도와주셨는데 먼저 우리가 자유롭게 의견을 제안할 수 있게 충분히 들어주신 후 놓칠 수 있는 부분을 다시 챙겨주셨다. 가령, 그 당시 교복 치마 길이 규정이 '무릎을 덮는 길이'였다면 우리는 '무릎 위 3cm'로 변경하는 의견을 제안했는데 선생님은 우리가 의견을 충분히 낼 수 있도록 끝까지 들어주신 다음 무릎의 길이가 상대적일 수 있음을 알려주셨다. 누군가는 무릎 밑 종아리 길이가 짧아서 무릎 위 3cm라고 해도 치마 길이가 길게 느껴질 수 있는데 이런 문제는 어떻게 해결하면 좋을지 다 같이 의견을 모을 수 있도록 고민의 과정을 이끌어주셨다.

"선생님은 학생도 아닌데 왜 이렇게까지 우리의 권리를 챙겨주실까?"

그 당시 나는 선생님의 열정에 감탄하다가도 괜스레 궁금함이 생겼다. 점점 그 궁금함은 바뀌지 않을 것 같던, 너무나 당연하기만 했던 문제에 '물음표'를 던질 용기가 되어주었고 선생님은 계속해서 우리보다 더 우리를 아껴주시며 어른으로서는 처음으로, 학교에서 우리의 편이 되어주셨다.

곧이어 학생들의 의견을 수렴한 교칙 개정의 움직임이 시작됐고 대의원회의와 임원 워크숍, 학생회 회의 등 활발한 의견 수렴의 장이 조성됐다.

처음 마주한 변화의 과정은 더디고 낯설었을지라도 포기하지 않게 옆에서 늘 도와주신 선생님. 누군가를 위하는 마음, 함께 목소리를 내는 방법, 변화를 꿈꿀 수 있음을 가르쳐주신 독특한 2학년 3반 담임 선생님, 이병우 선생님.

새내기 청소년지도사가 되어 청소년운영위원회를 운영하면서 필수 활동들을 챙겨가다 보니 처음이라 서투르기야 했지만 왠지 모르게 이 과정이 낯설지 않았다. 청소년이 주인인 공간, 청소년문화의집을 모니터링 하며 아이들이 변화를 주도하는 것은 너무나 당연한 아이들의 권리였고 그 권리를 찾을 수 있도록 돕는 그 과정이 어딘가 익숙하게 느껴지기도, 아니 당연하다고 느껴지기까지 했다. 참여 활동을 담당하며 이 공간의 규칙을 정하는 것 하나까지도 아이들의 의견이 반영될 수 있도록 하고 싶었고 내가 운영하는 프로그램엔 아이들의 의견을 듣는 자리가 자연스레 등장하기도 했다. 그 이유를 10여 년이 흐른 지금, 한 뉴스 기사를 보고 나서 깨달았다.

"선생님, 제가 선생님 제자라서 아이들이 권리를 찾을 수 있도록 돕는 이 과정이 낯설지 않았던 거군요."

어린이날 축제가 없었던 금천구에서 마을의 어른들이 힘을 합쳐 만든 '금천어린이큰잔치', 선생님은 이 과정을 주도하시며 지금까지도 이어져 오는 축제라는 큰 선물을 남겨주셨다. 그리고 본인의 제자들에게는 누군가와 동행하며 작은 목소리에 귀 기울일 줄 아는 능력을 선물해 주셨다.

좋은 어른을 만나 다시 좋은 어른을 꿈꾸는 삶을 선물해 주신 선생님. 삶으로 가르치셨던 선생님의 모습을 닮아가길 소망해 본다.

좋은 어른 에피소드(3)
같이의 가치

이경현

나는 누군가에게 곁을 내어준다는 표현을 굉장히 좋아한다. 이 표현을 좋아하게 된 계기는 그 경험이 꽤 따스했기 때문이었다.

입시를 준비하던 고등학교 2학년, 우리들에게 곁을 내어주셨던 따뜻한 선생님과의 추억. 오늘은 내게 '같이의 가치'를 알려주신 선생님을 소개하고자 한다.

내가 고등학교에 다닐 때 야간자율학습이 폐지되었지만, 우리 학교는 1인 1 자습실 제공과 더불어 학원 등 특별한 이유가 없는 한 야간자율학습이 필수였다. 그뿐 아니라 방학이나 공휴일에도 학교에 나와서 자습해야 했다. 달콤한 휴일을 반납하고 학교에 나오고 싶은 여고생이 세상에 어디 있을까! 종례 시간 선생님의 안내에 당연히 거센 반발이 있었다.

"쌤! 학교 나오기 싫어요!
집에서 공부하면 되는데 꼭 나와야 해요?"

그러자 선생님은 뜻밖의 제안을 하셨다.

"얘들아, 그럼 나도 나올게. 나와서 같이 공부하자. 점심은
선생님이 떡볶이 쏜다!"

예상외의 답변에 잔뜩 투정 섞였던 목소리는 단번에 쌤 진짜요? 진짜예요? 하는 확신을 구하는 물음과 당장 공부(보단 떡볶이 먹을) 계획을 세우는 설레는 목소리로 바뀌었다. 선생님은 꼭 나오겠다고 몇 번이고 약속을 확인해 주며 대신 꼭 다 같이 나와야 한다는 미션을 주셨다. 그 결과, 공휴일에도 우리 반은 전원 출석에 성공했고 그날 학교에서 유일하게 출근하신 선생님은 약속대로 점심에 떡볶이를 사주셨다. 잔뜩 신이 난 우리 반은 부럽다고 난리 난 다른 반을 뒤로한 채 교문을 내려 가 학교 앞 즉석떡볶이 집에 모여 앉아 맛있는 떡볶이를 즐겼다.

사실, 떡볶이뿐만이 아니었다. 선생님들께서 돌아가면서 야간자율학습실 감독을 할 때 출석 확인 시간 때에 맞춰 감독실에 올라왔다가 다시 교무실로 가시는 선생님들도 많았는데 우리 선생님은 꼭 감독실에 공부할 책을 챙겨 오셔서는 야간자율학습이 끝날 때까지 공부를 같이 하셨다. 선생님도 다른 선생님들처럼 우리에게 공부하라는 말을 똑같이 건네셨지만, 대신 그 과정을 함께 해주시며 곁을 내어주셨다. 그 시간은 특별함을 넘어 든든함과 따뜻함이 되어주었고 우리는 더욱 돈독해져서 서로를 챙기고, 같이 공부를 독려하고 지친 친구를 챙길 수 있었다. 선생님의 '같이'로 시작된 우리 반의 특별한 '가치'. 김윤정 선생님은 먼저 행동을 통해 우리에게 가장 귀한 가치를 선물해 주셨다.

어느덧 다가온 종업식, 매년 이맘때가 되면 익숙한 종업식인데도 우리 반은 눈물바다가 되어버렸다. 우리 학교는 사립학교였는데 선생님은 우리와 함께 공부하며 1년 만에 임용고시에 합격하셨다.
다른 학교로 떠나게 되었다고 알려주시자마자 윤정쌤 바라기
우리 반은 난리가 났다. 졸업까지 함께하기로 약속하지 않았냐며
선생님 없으면 수능은 어떻게 보냐며 펑펑 우는 우리에게
선생님은 또 하나의 약속을 하셨다. 1년 뒤, 우리가 졸업하는 날 꼭
졸업식에 찾아와 함께 축하해 주겠노라고. 한 번 한 약속은 끝까지
지키는 선생님임을 알기에 우리는 3학년이 되어서도 그 약속을
간직하며 각자의 반에서, 각자의 목표를 향해 나아갔다.

그렇게 다가온 졸업식, 그날은 유난히 추웠는데 갑자기
단체카톡방이 난리가 났다.

"얘들아, 윤정쌤 오셨어!"

그 약속을 잊지 않고 우리의 졸업식에 찾아와 한 명 한 명 축하를
건네주셨다. 추웠던 그날이 따뜻함으로 번지는 순간이었다.

선생님과 함께하며 나는 단순히 말에서 그치는 것이 아니라 내
곁을 내어줄 수 있는 청소년지도사를 꿈꿔올 수 있었다. 곁을
내어주며 같이 고민하고, 함께하는 청소년지도사. 앞으로도 이
'같이'의 가치를 따스하게, 오래도록 간직하고 싶다.

아이들의 이름을 외우는 법,
나는 이미 답을 알고 있어

이경현

사실 난, 기억력이 별로 좋지 않다. 막무가내 암기엔 영 자신이 없었고 맥락이 있어야 그나마 기억하는 편이라 영어단어를 외울 때도 무작정 단어장 보고 달달 외우기보단 지문을 읽고 그 안에서 모르는 단어를 체크해 외우는 게 더 편했고, 청소년학을 공부할 때도 무작정 외우기보단 흐름이나 이유를 이해하면서 기억하느라 시간이 더 걸리기도 했다.

5월의 마지막 날, 당직이었던 나에게 동아리 활동을 마치고 돌아가는 혜라와 윤정이가 남기고 간 한 마디가 내내 맴돌았다.

"작년에 쌤이랑 저녁에 같이 보드게임 했었잖아요! 그때 재밌었는데."

작년 연말쯤이었던가? 한창 젠가에 빠져 청운위랑도, 아지트 청소년들이랑도, 정말 너도나도 모여 앉아 젠가 하느라 시간 가는 줄도 몰랐던 적이 있었다. 네 명에서 다섯 명으로, 삼삼오오 구경까지 다 함께! 단순한 젠가처럼 보이지만 쓰러뜨리는 사람이 자신의 에피소드를 이야기해야 했던 젠가! 첫사랑 썰부터 고민까지 털어놓으며 자연스럽게 근황 토크로 이어졌고 젠가를 못할수록 서로를 더 알아가게 됐던 이상한 젠가 공동체가 형성되곤 했다. 혜라와 윤정이의 한 마디는 그때를 떠올리게 했고 요새 바쁘다며 시간을 많이 못 내준 나를 반성하며 다시 아이들과 보내야겠다 마음먹게 됐다.

6월의 첫 번째 토요일, 청소년의 달이 지나고 이제 시험 기간이 있는 달로 들어선 토요일이었다. 오후 청소년참여위원회 회의까지 살짝 시간이 남아 지하 지도자실에서 1층 아지트로 올라갔다. 청소년들은 참 신기하게도, 아지트에 들어가면 *"어, 뽀또쌤이다! 안녕하세요!"* 하며 언제든 반갑게 마음을 나눠준다.

"나랑 같이 놀 사람!" 하고 외치자 마침 잘 됐다고, 혼자 와서 심심하다며 앉아 있던 지율이와 핸드폰을 보던 은혜, 서윤이가 달려왔다. 은혜는 작년에 환경유랑극단도 해서 이름이 바로 기억났지만 지율이와 서윤이는 정말 낯이 익는데도 이름이 바로 기억나지 않아 *"너희 이름이 뭐였지?"* 하고 한 번 더 묻게 됐다. 흑흑 미안.

평소 해보고 싶었다던 보드게임 '퍼니버니'를 꺼낸 은혜와 함께 다 같이 둘러앉아 소소한 대화를 나누며 보드게임을 시작했고 이번엔 지율이 차례, 다음은 은혜! 다음 서윤이! 순서를 외우며 자연스럽게 아이들 이름을 외우고 있었다.

시간이 다 되어 보드게임을 정리하려니 지율이가 다가와 선물이라며 '크롱지' 하나를 건네준다. 괜찮다 해도 품에 꼭 안겨주고선 가봐야 한다며 후다닥 사라진 지율이. 지율이의 소중한 간식이었을 텐데, 그만큼 마음을 표현하고 싶었을 지율이의 마음이 느껴지며 문득 아지트에 들어왔을 때가 떠올랐다. 다락방에서 놀던 지우와 서후에게 인사하며 진짜 매번 이름을 물어본 것 같은데 아직도 안 외워져, 속으로 속상해하고선

"미안해~ 쌤 금방 외울게!" 했던 그때 그 장면이 스윽 떠올랐다.

'요새는 왜 이렇게 이름이 안 외워지지? 기억력이 더 안 좋아진 건가?' 싶었는데 사실, 이름을 외우는 방법은 따로 있었다.

"맞아. 나는 그냥 무작정 외우는 것보다 맥락이 필요한 사람인데!"

아이들이랑도 보드게임을 몇 번 하니까 바로 이름이 외워졌는데 내게 필요한 건 무작정 아이들 이름을 외워야 된다는 다짐이 아니라 아이들과 보내는 시간이었구나 싶었다.

2021년, 개관 첫 해이자 청소년지도사가 된 해에 나는 생각보다 청지사가 아이들을 만나 보내는 시간이 짧다는 것을 느껴 아쉬웠다. 특히나 우리 문화의집은 지도자실은 지하에, 아지트는 1층에 있어 아이들을 만나려면 꼭 올라가야 했기에 접점을 만들기 어려운 상황이기도 했다. 그럼에도 꼭 아이들과 소통하고 싶어 축제나 이벤트 때 자주 인사하며 이름을 외웠고 집 가는 친구들에게 이름을 불러주며 *"안녕, 다음에 또 놀러 와!"* 하고 인사를 건네주었다.

아이들 이름을 불러줄 수 있다는 것은 사실 내게도 큰 행복이었다. 그렇게 지상으로 올라와 마주하자, 그다음 해부터는 용기를 낸 아이들이 지하로 먼저 내려와 주기도 했다.

내 기억 속, 문화의집 출석왕 성호와의 첫 만남은 바로 2022년 캠핑위드시네마 사업이 있던 어느 토요일이었다. 그동안 지하로는 아이들이 잘 안 내려오는 편이었는데, 이날은 캠핑영화관 조성을 위해 아지트에 있던 쿠션을 지하로 옮겨야 했고 *"어, 이거 왜 옮겨요? 지하에서 뭐 해요?"* 하고선 따라 내려온 아이들이 여기 좋다며 뛰어노는 통에 아이들 이름을 외워버리기도 했다. 특별한 노력이라기보단 굳이 노력하지 않아도, 함께하는 시간과 맥락 속에 이름이 자연스레 외워졌고 아이들과 더 친근히 연결될 수 있었다.

'이름'이 가진 힘은 대단하다. 청소년이라는 큰 범주에서 하나의 존재로, 특별한 한 사람으로 구별되게 하고 나와 아이를 서로 연결되게 한다. 이름을 불러주며 소통하자 아이들과 연결되기 시작했고 자연스레 아이들과 더 많은 시간을 보내며 우리의 알록달록한 추억들을 채워나갈 수 있었다.

그렇다. 이 구구절절한 에피소드는 사실 이름의 힘을 잠시 잊었던, 이름을 불러주며 행복해했던, 어느 청소년지도사의 반성문이자 새로운 다짐이다. 다시 아이들 가까이 다가가 소통하며 시간을 쌓고 자연히 아이들과 연결되길 다짐해 본다.

나의 인연, 장인수 선생님

김효빈

살아가면서 수많은 인연들이 나의 곁, 우리 곁을 지나간다.
그중에서도 잊지 못할 인연은 살면서 한 명쯤 있기 마련이다.
내가 결코 잊을 수 없는 인연을 꼽아보자면 장인수 선생님이
아닐까생각한다. 우린 생각지도 못한 곳에서 맺어진 인연이니까.

2024년 새해가 밝아온 어느 날이었다. 내가 정말로 고등학교 3학년이 되는 건가? 싶었던 시기였다. 그때 한 가지 고민이 있었는데, 바로 물리학 2 과목의 선행과 관련된 고민이었다. 물리학 1을 수강했었던 나는 물리학 2를 자연스럽게 수강신청하게 되었는데, 물리학 2는 워낙 선택하는 사람도 적고 어렵다는 소문이 무성해서 솔직히 두려웠다. 괜한 조급함에 EBS 물리학 2 강의를 찾기 시작했는데, 맨 위에 뜨는 선생님이 바로 장인수 선생님이셨다. 자연스럽게 나는 OT 버튼을 눌렀고 수능개념 OT 영상이 나오기 시작했다. 어떤 내용을 배우게 될까…. 두근두근한 마음이 컸다. 강의 내용을 듣고 '아! 이거 진짜 할 수 있을까?' 의구심이 들던 그때, 인수 선생님께선 한마디를 하셨다. "우리가 서로 수강후기로 소통해나가면 좋겠어요." '정말 수강후기로 소통이 될까?' 라는 의구심이 강하게 들었다. 그 의구심을 계기로 수강후기를 쓰기 시작했다.

"안녕하세요. 예비고3입니다. 저는 고1 입학 후 당연하게 소프트웨어학과를 진학해야 한다고 생각이 들어, 물1을 수강하였고 물2를 선택하였습니다. 물1을 배우며 흥미가 있었고 너무 재밌었는데, 사실 물2를 선택하게 된 건 일종의 도피였습니다. …(중략)…"

다음날, 놀랍게도 장인수 선생님께선 바로 답변을 달아주셨다.

"안녕하세요. 18살, 19살 나이에 앞으로 무엇을 할지 확고하게 정했고 그것을 정한 이유가 분명하다니…. 정말 부럽습니다. 그리고 존경스럽습니다. …(중략)… 효빈 학생의 꿈을 응원합니다. 청소년들의 편견을 깨는데 큰 몫을 해주시고 그들과 소통하면서 더없는 보람을 느끼셨으면 좋겠습니다. 올해 멋지게 잘 공부하셔서 원하는 목표를 이루는 큰 걸음을 내딛기를 간절히 소망합니다."

아주 긴 장문의 메시지로 답을 해주셨다.

나를 응원한다는 그 한마디. 그래서 나는 그 한마디에 물리학 2를 망설이지 않고 시작할 수 있었다. 물론 고비도 많았다. 수학포기자 즉 수포자였던 나는 물리학 2를 위한 기초 수학이 되어 있지 않았다. 그나마 나았던 건 물리학 2는 삼각함수와 벡터의 합 차만 잘 따라온다면 충분히 해나갈 수 있는 과목이었기 때문에 나는 삼각함수와 벡터계산부분을 다시 복습하고 들어갔다. 나머지 물리학 1 개념이라든지 그런 부족한 점들은 장인수 선생님이 물리학 2를 하는 데 무리가 없도록 같이 강의해주셨기에, 더욱 잘 달릴 수 있었다. 나는 강의 하나를 들을 때마다 한 번씩 수강후기를 썼고, 장인수 선생님은 답글을 남겨주셨다. 우리는 그렇게 소통하며 서로 호흡했다. 내가 물리학 2 강의를 수강하면서 느꼈던 것, 선생님의 수다에서 느꼈던 점, 물리학이라는 학문에 대해 질문하기도 하고 문제를 풀며 모르는 것을 질문하기도 했다. 인터넷 강의라는 한계를 뛰어넘어 장인수 선생님과 나 그리고 우리는 서로간의 유대감을 형성해나가기 시작했다. 우리는 가끔 인생 이야기도 하고, 과학자 이야기도 하면서 서로 친해져갔다. 우리는 그렇게 만남을 약속하며 서로의 삶에 집중해나가고 있다.

"살다보면 오늘처럼 해가 쨍쨍한 날도, 비가 억수로 많이 내리는 날도, 매섭게 추운 날도 다양하게 있는 것처럼 우리 살아가는 것도 다 그런 거 같아요. 어떤 날은 신나게 즐겁고 행복한 날이 있는가 하면, 어떤 날은 너무너무 다운되어 있는 자신을 발견하는 날도 있고 그런 거 같아요. 최근 유퀴즈에 윤성호 님이 나온 것을 봤는데요. 방송에서 엉엉 우셨어요. 방송에서 그렇게 엉엉 울기 쉽지 않은데요. 그죠? 그런데 그분이 한 말이 아직도 귓가에 맴돌아요. 작년에 자기 자신이 너무 초라해서 책상 밑에 들어가서 있을 때가 가장 편안했대요. 자기가 얼마나 잘되려고 이렇게 어두운 새벽이 오랫동안 있는 거냐며 계속 멘탈을 잡으려고 애를 썼대요. 사람 사는 게 다 그런 거 같아요. 힘들지 않은 사람은 아무도 없다…. 정도의 차이가 있을 뿐. 효빈 학생 너무 가라앉지 말아요. 지금까지 잘해왔고, 앞으로도 잘 할 거예요. 정말로. 계획을 짰는데 잘 안 지켜지면 새롭게 맘 잡고 다시 짜면 되는 거죠. 그렇게 '성장'하는 거래요. 걱정하지 말아요. 아셨죠? 얼른 일어나서 창문 한 번 활~짝 열고 시원한 공기 좀 쐬고 다시 책상에 앉아 새롭게 펼쳐질 세상으로 나가기 위해 맘 편히 계획을 다시 조정해서 짜보세요. 기분이 한결 좋아질 거예요. 힘 내구요. 파이팅~"
- 장인수 선생님의 답변

"시험 보느라 고생 많았어요. 처음 물2를 공부하는 삐약이에서 이제는 6모까지 치른 성숙한 물리러가 되셨네요.^^ 대견합니다. 수능까지 아직 시간이 많이 있으니 차분한 복습이 필요할 때입니다. 저도 효빈 학생과 함께 이렇게 이야기하면서 효빈 학생의 성장하는 모습을 볼 수 있어서 정말 좋습니다. 파이팅 하기를 항상 옆에서 응원하겠습니다."
-장인수 선생님의 답변

우리의 삶에서 생각보다 많은 인연들이 우리의 곁을 지키고 있다. 우리가 만나는 인연이라는 것은 필연적이다. 어디선가 누군가를 만나게 되어 있고 우리는 그 누군가와 관계를 맺게 되어 있으니까. 반면 인연은 불변성을 가지고 있지 않다. 인연은 끊임없이 변하고 바뀌어나간다. 인연은 끊임없이 변하는 '가변성'을 가진다. 사람은 불변성을 추구하는 성향이 있지만,

사람은 가변적인 존재이다. 우리 삶의 인연은 정말 사소한 곳에서도 만나지만, 정말 사소한 이유로 멀어지기도 한다. 우리가 이러한 삶을 살면서 알아야 할 것은, 그저 우리는 주어진 삶을 열심히 살아가야 한다는 점이다. 그것이 우리가 삶을 살아가는 방법이기에, 어쩔 수 없이 우리도 사람이기에.

장미향을 풍기는 사람이 되고 싶어요

김효빈

짙은 장미향을 풍기던 선생님이 한 분 계셨다. 카리스마 있고, 때로는 차가워보였으며, 향수인지 섬유유연제 향인지 모를 짙은 장미향이 나는 여자 선생님이셨다. 고등학교 1학년, 입학한지 하루정도 지난 낯선 공기 속 진한 장미 향기가 코를 찔렀다. 다나까 말투를 쓰시던 그 선생님의 수업 오티를 듣다가, 국어부장을 뽑는다는 선생님의 한마디에 나는 바로 손을 들었다.

벅차오름 때문이었다. 선생님의 오티 하나하나가 설렘이었다. 이 선생님과 함께하고 싶었다. <u>"그래요. 그러면 이 친구가 국어부장을 하기로 합시다."</u>라는 말과 함께 나의 고등학교 생활이 시작됐다.

며칠이 지나고, 학교에서 학생주도동아리 개설 모집을 한다는 소식이 들렸다. 학생주도동아리란 말 그대로 학생이 동아리 수업을 주도적으로 하는 동아리이다. 나는 물리동아리를 개설하고 싶었고 물리 선생님께 동아리 계획서를 보여드리며 꼭 동아리를 하고 싶다고 말씀드렸다. 물리 선생님께선 승낙하셨고 열심히 수업계획을 짜고 있던 그때, 물리 선생님께서 잠깐 전화가 되냐고 카톡이 왔다. 네. 가능합니다. 라고 답장을 보내자마자 걸려온 전화. 그 전화의 내용은 충격적이었다. 너의 동아리를 맡아주고 싶었으나, 3학년 선배가 동아리를 맡아달라고 해서 그쪽 동아리를 맡아주기로 하셨다는 내용이었다. 너무 억울했다. 당장 신청마감이 2일밖에 남지 않았던 상황이었고, 분명 내가 먼저 말씀드렸던 내용인데 왜 3학년 동아리를 맡아 주신건지, 너무 억울했다. 물론 이해는 할 순 있지만, 억울한 감정이 들었다. 그러나 억울해 할 시간이 없었다. 대부분의 선생님은 동아리를 이미 맡으신 상태였고 신청마감도 2일밖에 남지 않았기에, 나는 다른 선생님께도 여쭤보고 담임 선생님께도 여쭤보다가 마지막으로 짙은 장미향을 가진 국어쌤께 말씀드렸다. <u>"선생님, 토론동아리로 운영하고 제가 수업 계획도 다 짜고 정말 열심히 할게요~ 저 좀 도와주세요~"</u>라며 통사정을 했다. 국어쌤께서도 수락해주시지 않으신다면 포기하려던 그때, <u>"그래, 내가졌다. 졌어~"</u> 라고 하시며 동아리를 맡아주신다고 말해주시는 게 아닌가? 그렇게 나는 물리동아리를 국어쌤과 함께 꾸려갔다.

동아리 운영에 대해 나에겐 약간의 환상이 있었다. 모두가 잘 참여하면서 두루두루 친한 동아리의 모습이 내가 상상하던 동아리였는데, 그 환상이 깨지는 데에 오랜 시간이 걸리지 않았다. 모두가 처음 만난 동아리 첫 시간엔 굉장히 어색했고, 잘 참여하지 않는 부원도 있었다. 그러한 부원들의 모습을 보며 좌절했다. 나의 역량부족으로 인해 동아리가 잘 운영되지 않는 건가? 라는 생각도 했었다. 그럴 때마다 국어쌤은 <u>"정말 잘하고 있어~" "좀만 더 힘내자!"</u>와 같은 말들을 해주시곤 하셨다. 그 말이 어찌나 위로가 되던지, 동아리를 마치고 집에 가는 그 짧은 시간에 오만가지 감정이 다 들어서 눈물을 흘리기도 했던 기억이 있다. 국어쌤은 나에게 든든한 조력자였다. 국어쌤은 다른 학교로 전근을 가셨지만, 나의 고등학교 추억에서 빠져서는 안 될 조력자가 바로 장미향을 가진 국어쌤이다.

나도 향기를 풍기는 사람이 되고 싶다고 생각했다. 나는 과연 어떤 사람인지 끊임없이 생각하며 지내는 요즘이다. 청소년에게 든든한 조력자가 되고 싶다는 생각은 변함이 없다. 다만 어떤 방식으로 청소년을 도와주는 사람이 되어야 할 지 고민일 뿐이다. 처음엔 그 길이 교사가 되는 것이라고 생각했다. 교사가 되어 가까이에서 청소년을 보며 그들을 도와주는 것이 내가 할 수 있는 유일한 일이라고 생각했다. 그러다 2023년에 고산청소년센터를 알게 되었고 청소년지도사라는 직업에 대해 알게 되었으며 조력자의 위치에 설 수 있는 방법이 다양함을 깨닫게 됐다. 고산청소년센터에서 청소년운영위원회 활동을 통해 청소년지도사 선생님과 소통하게 되며 청소년지도사라는 직업을 알게 되었고, 고산 시설 지킴이 봉사활동을 하며 아이들을 만나 소통하다보니 청소년지도사라는 직업도 청소년들에게 든든한 조력자가 되어줄 수 있음을 알게 됐다. 나는 고산청소년센터에서의 활동 덕분에 좁은 시선이 아닌 조금 더 넓은 시선으로 세상을 바라보게 됐다. 넓은 시선으로 세상을 바라보게 되니 조금은 마음이 편안해졌다. '꼭 한 가지 길을 걸어야 한다'는 말과, '생각보다 길은 많이 있으니 너가 좋아하는 길을 걸으렴.'이라는 말은 사뭇 다르다고 생각한다. 선택지가 한정되어 있으면 아무래도 좁은 시선으로 세상을 바라볼 수밖에 없다고 생각하기 때문이다. 이렇게 넓은 시선으로 세상을 바라보게 해주신 우리 국어쌤을 비롯한 모든 인연들에게 감사의 말씀을 드리고 싶다.

나의 인생 첫 친구인 초등학교 친구 세 명에게 나의 인생 첫 책인 「나도 청소년이 좋아」를 선물로 주고 싶었다. 단체 카톡방에 '내일 모임에 책을 가져가도 되는지' 소심하게 물어봤다.

생각해 보니 거절을 할 수 없는 질문이었다. 고맙게도 친구들은 좋다고 해주었고, 구입해야 하는데 그냥 받아도 되는 건지 오히려 미안해했다. 오랜만에 친구 한 명 한 명을 떠올리며 간단한 문장과 함께 사인을 했다. 그렇게 나의 책은 친구들 손으로 건너갔다. 아들의 자퇴를 아는 친구들조차도 자세한 내용은 모르고 있으니 적잖이 놀랄 거라는 예상은 하고 있었다. 어제 일어난 일도 아니고 10년이나 지난 일인데 친구들에게는 충격이었나 보다.

초등모임이 10시 다 되어서 끝났는데 11시 30분쯤 카톡이 울렸다. 너무 놀라서 순식간에 읽어버렸다면서 그동안 많이 힘들었겠다고 했다. 지금은 괜찮아졌다니 다행이라고 응원의 말을 해줬다. A는 부모님도 가까이 지낼 만큼 친한 사이다. 하굣길엔 학교 근처에 살았던 친구 집에서 놀다 가곤 했다. 물론 등교할 때도 A의 집을 지나가며 이름을 부르고 함께 학교에 갔다. 그렇게 초등학교, 중학교, 고등학교, 대학교, 결혼 후까지 쭉 연락하며 지냈던 친구다. A의 딸이 고등학교 다닐 때 내가 수학을 가르치기도 했다. 그렇게 반평생을 만나다가 갑자기 파라과이로 이민을 가서 10년 동안 만나지 못했다. 다행히 코로나가 잠잠해 질 무렵 영구 귀국을 해서 가끔 만났지만, 아들 자퇴한 이야기를 나눌 여유는 없었다. 아이 자퇴할 때 A에게 도움의 손을 내밀었다면 위로를 받았을지도 모르겠다는 생각이 들었다. 갑자기 슬퍼진다. 그리고, 친구 B가 오늘 아침에 카톡을 보내왔다. B는 아들의 자퇴를 대충은 알고 있었지만, 세세한 일들을 책을 통해서 읽게 되었으니 놀라기는 마찬가지였을 것이다. 친구가 보내온 카톡이다.

어제 책을 받고 집에 와서 내 친구 글 먼저 읽어봤어. 지나간 시간이지만 나 자신을 생각해 보며 반성하게 되네. 예전에 점 보는 분이 나에게 이런 말을 하더라. 사람이 학창 시절이나 젊은 시절에 잘 풀리고 잘 되는 건 그 사람 운을 초반 중반에 다 써서 그럴 수도 있다고. 그래서 학창 시절이나 젊은 시절 너무 좋다고 좋은 것만은 아니라고. 그 말을 들으면서 내가 위안을 삼은 거였지만 생각해 보면 삶은 누구나 굴곡이 있잖아. 롤러코스터처럼. 내 친구 너무 멋지다. 너의 열정과 도전에 박수치며 응원한다. 진원이 파이팅.

B의 카톡을 읽으며 심장이 뜨거워졌다. 내가 뭐라고. 책 한 권 선물로 주고 이런 진심 어린 응원을 받아도 되나 싶다. 솔직히 부끄러워서 이불을 뒤집어쓰고 숨고 싶었다. 미리 언질이라도 해둘걸. 마음의 준비를 하지 못한 상태에서 심각한 이야기를 읽었을 것을 생각하니 더 미안해졌다. 나는 10년 차가 되니 조금은 둔해져서 대놓고 책에 쓸 정도가 됐다. 하지만 친구들은 '어떤 재미있는 일을 썼을까' 하고 책장을 펼쳤다가 첫 줄부터 담임의 전화를 받고 힘들어 하는 나의 푸념이 읽혔으니, 아이구야. 앞으로는 내 이야기를 모르는 지인에게 내 책을 선물하는 것 만큼은 고려해야겠다.

그나저나 C는 읽고 기절한 걸까? 왜 피드백이 없는 거지? 아이 자퇴 무렵 C와 함께 한 여행에서 이야기를 했었다. 말을 꺼내며 많이 울었던 기억이 난다. 친구들과 함께 한 1박 2일 여행에서 저녁을 먹고 이런저런 이야기 나누다가 나는 '비밀'이라고 하면서 아이의 자퇴 이야기를 꺼냈다. 친구들은 함께 눈물 콧물을 쏟으며 '괜찮다', '학교가 대수냐', '학교 다니지 않아도 더 잘되고 잘 사는 사람들 많다.'라면서 위로해 주었다. 덕분에 다음 날 눈이 퉁퉁 부은 세 여자가 선글라스를 끼고 멋진 척을 하고 다녔다. 이게 무슨 시트콤인지. 이번에 책을 선물하면서 오랫동안 친구들이 지켜온 비밀을 내가 먼저 공개한 상황이 됐다.

책 쓰길 잘한 것 같다. 40년 지기 친구들과의 우정이 더욱 돈독하게 된 계기가 되었고, 누군가와 아니, 친구들과 위로와 더불어 진한 사랑을 주고받는 귀한 시간을 갖게 됐다. 말할 수 있는 용기가 필요한 나였는데 쓸 수 있는 용기를 갖게 되었나 보다. 성장한다는 것이 이런 것인지도 모르겠다. 쓸 수 있는 용기가 생겼으니 이젠 말할 수 있는 용기를 내보아야겠다. 그동안 이런 말을 해서 상대에게 나의 걱정을 넘기는 것 같은 미안함에 소극적인 모습을 가졌는데 상대가 내편이면 그런 걱정은 조금 내려놓아도 괜찮지 않을까.

이제 조금 남은 여유분은 학교 밖 청소년 부모 연대 카페 어머님들과 나누기로 했다. 전혀 예상하지 못한 피드백이었지만 그런 맑은 친구들이 있다는 사실이 감사하고 행복하다. 이젠 충격보다 웃음을 주는 예전의 나로 다시 돌아가야 하는데 가능한 거겠지?

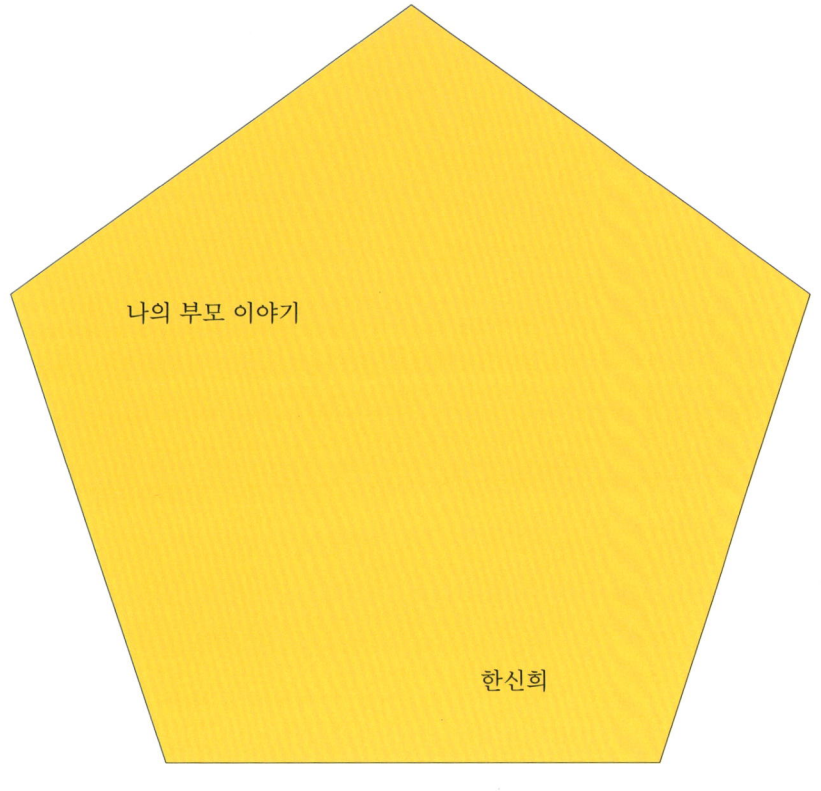

나의 부모 이야기

한신희

요새 박완서의 책 「그 남자네 집」을 다시 읽는다. 기가 막힌 문장 중 가장 대단한 문장 하나가 오늘 다시 들어왔는데 '그래, 실컷 젊음을 낭비하려무나. 넘칠 때 낭비하는 건 죄가 아니라 미덕이다. 낭비하지 못하고 아껴 둔다고 그게 영원히 네 소유가 되는 건 아니란다.'이다.

이 문장 때문에 젊은 시절이 생각났다. 내 젊은 시절이 아니라 우리 부모님 젊은 시절이.

우리는 4남매인데 대학을 3명이 같이 다니던 시절이 있었다. 그때 당시 나는 사립대학에 다녔는데 250만 원 정도의 등록금을 냈던 것 같다. 언니와 동생은 예대라서 조금 더 비싼 등록금을 냈을 텐데 부모님은 그걸 다 감당하셨다. 어떻게 그걸 다 감당하셨을까? 초인적인 힘을 발휘하셨을 우리 아빠, 엄마.

잊지 못할 사건이 하나 있다. 대학 등록금을 낼 수 있게 3차까지 기회를 주는데 언니와 동생 먼저 내고 내 등록금을 3차 마지막 날까지 못 내고 있던 날에 일어난 사건이다.

나는 대학 행정실에 계속 전화해서 꼭 오늘까지 내야 하냐는 질문을 다섯 번 정도 한 것 같다. 오늘 꼭 내야 한다는 답변을 들으면 엄마에게 다시 전화해서 *"엄마, 오늘까지래요."* 하며 시간이 없음을 알렸다. 그때 엄마는 침착하게 *"신희야, 엄마가 꼭 학교 다니게 할 거니까 은행에서 만나."* 라며 전화를 끊었다.

그 당시엔 지금처럼 쉽게 돈을 보낼 수도 없는 상황이라 나는 은행 앞에 미리 가서 엄마 오기를 기다렸는데 시간이 다 되도록 엄마는 돈을 못 구하셨는지 보이지 않았다. 은행 셔터가 내려가는데 그 상황이 너무 서럽고 슬퍼서 은행 앞에서 엉엉 울어버렸던 기억이 지금도 생생하다.

은행 문이 닫히고 20분쯤 지나서 멀리서부터 *"신희야!"* 를 힘차게 외치며 달려오는 우리 엄마를 보며 더 크게 엉엉 울었다. 앞으로 있을 엄마의 절망을 보는 게 더 슬퍼서. 그런데 그건 나만의 오해였다. 내가 예측하지 못한 엄마의 저돌적인 행동이 쭈그려 앉아 있던 날 일으켜 세웠는데 엄마는 나랑 눈을 맞추더니 셔터가 내려진 문 말고 뒷문을 찾기 시작했다. 엄마는 딸을 학교에 보내기 위해 부끄러움도 민망함도 잊은 자세로 정말 크게 소리쳤다.

"저기요! 문 좀 열어주세요, 저기요!"

'문 두드리면 열릴 것이요!'라는 말처럼 정말로 문이 열렸고 사정을 들은 직원이 내 등록금을 접수해 줘서 나는 대학을 무사히 졸업했다. 그때 우리 엄마 나이가 내 나이보다 젊었을 텐데 우리 엄마는 날 위해 창피함도 자존심도 다 내려놓고 은행직원에게 몇 번을 인사하고 나와서 나를 꼭 껴안으며 *"우리 신희 이번 학기 다니게 됐네! 아! 다행이다. 걱정했지? 엄마가 미안해"* 라며 환하게 웃었다. 아빠가 돈을 간신히 구해 엄마가 들고 뛰어와서 등록금을 내준 것이다.

아빠 엄마는 젊었으나 젊음을 낭비할 겨를 없이 정말 열심히 살았고 희생하셨고 기뻐하셨고 행복해하셨다. 젊을 때 우리 키우느라 낭비 못 한 시간, 지금이라도 쓰게 하고 싶은데 아빠 건강도 안 좋아지셨고 엄마는 잘 못 걸어서 여행도 힘들어졌다. 아빠, 엄마가 더 건강해지기는 어렵겠지만 낭비할 수 있는 시간이 두 분에게 있길 바란다.

몸도 맘도 덜 아픈 시간이 많이 남아 있길. 참 감사한 분들.

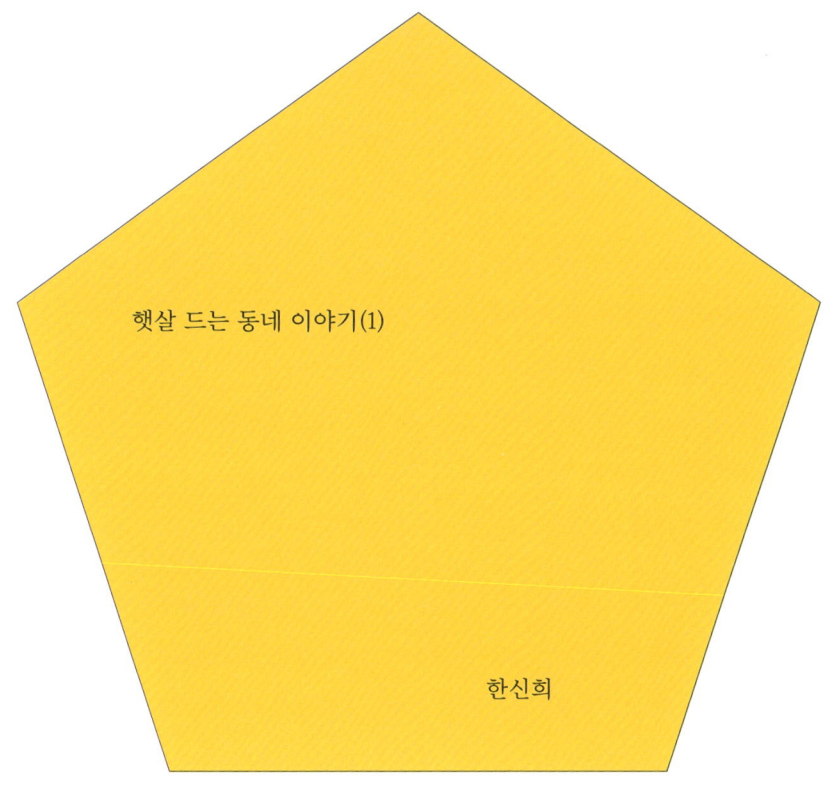

햇살 드는 동네 이야기(1)

한신희

지금 건강이 좋아졌지만, 몇 년 전 큰 수술을 했었다. 쉬는 동안 창이 크고 공기 좋은 변두리 한 곳을 얻어 쉬었다. 그때 있었던 일이다.

작은 동네에서 햇빛 아래 앉아 있는 날이 많아진 내게 할머니들이 모이기 시작한 것은 5월부터이다. 할머니들은 내게 관심을 보이기 시작하더니 어디서 뭘 하다 온 누구인지, 왜 오는지 등 호기심 가득한 물음을 수도 없이 했고 일주일 정도가 지나도 질문을 버티니 새로운 분이 *"누구셔?"* 라고 물으면 어느새 서로 답을 해주고 있었다.

"서울에도 집이 있고 원래는 단양이 집이랴."

"천안에도 살았었다네."

햇빛을 받아야 비타민이 생성되고 건강에도 좋다기에 일정한 시간이 되면 창을 활짝 열고 문 앞에 돗자리를 깔고 앉아 있곤 했다. 그러면 할머니들은 감자 두 알, 옥수수 한 개, 붕어빵 등을 내어놓고 가셨다. *"먹어. 하루 종일 먹어야겠어, 이게 뭐야."* 라며 내 손목을 잡고 흔드는, 경계와 존중이 전혀 없으나 기분이 전혀 나쁘지 않은, 좀 이상한 동네 어르신들을 만나게 됐다.

언제부턴가는 온갖 고지서를 가지고 오신다.

"뭐라 쓴 거래?"

"전기요금 나온 거고요, 이건 나라에서 돈 드린다는 거고."

이런 일이 있다 보니 집안 사정을 대부분 알게 되고 안 봐야 할 것들도 보게 되는데 이를테면 *"뭐라 쓰여 있는 건지 좀 봐줘 봐"* 하셔서 내민 봉투를 보니 '뇌전증', '공황장애' 진단을 받은 모 권사님의 병원기록도 본 날도 있다.

시간이 지날수록 난이도 있는 요청들이 오기 시작했는데 휴대폰 벨소리를 높이는 법을 알려달라고 하시는 분(지금도 너무 커서 깜짝 놀라는데), 문자를 읽어달라는 분 등이 있으셨다. 어느 날 한 분이 갓김치가 맛있게 익었다며 특별히 주려고 담갔다고 하셔서 감사해 하고 있던 차에 스윽 휴대폰을 내미셨다.

"나는 문자메시지를 쓰고 싶어. 좀 알려줘."

그때부터 하루도 빠짐없이 오셨고, 폴더폰을 열고 왼쪽 위 버튼을 누르는 법부터 촘촘하게 알려드렸다. 누군가 말한 '콩나물시루의 물은 저 밑으로 빠져도 콩나물은 자란다.'의 심정으로 최선을 다했으나 다음날 오시면 완벽한 리셋 상태로 오셨다. 문자 쓰는 법을 아무리 알려드려도 아직도 'ㄱ' 자를 못 쓰신다. 문제는 포기도 안 하신다는 것이다.

할머니가 돌아가신 후 지나가는 모든 할머니가 내 할머니 같아서 무슨 얘기 하시는지 가만가만 듣고 있으면 살아온 이야기, 지금

이야기, 살아갈 이야기 중 살아온 이야기가 가장 많다. 할머니들 말씀을 들어서인지 모든 잘못은 남자 쪽이 하고(바람난 것부터 도박에 이르기까지) 대부분은 사별이나 이혼 또는 용서한 상태로 살고 있다.

사는 게 너무 빨리 갔다. 젊고 아름답고 치열했을 어르신들.

오늘은 단양과 가평에서 돌아와 동네 햇빛 아래 오랜만에 앉으니 이분 저분이 놓고 간 복숭아 두 알, 열무김치랑 갓김치, 빵, 누룽지 등이 놓여 있다.

"*모든 생명은 그 땅의 최상이고 그 세월의 최선이었음을 기록하는 것*"이라고 누군가 말했다.

이분들의 삶이 어려움을 잘 이기신 거고 최선을 다한 거며 더 좋은 선택은 없었던 거라고 은연중에라도 얘기해 드리고 싶다.

문자 할머니 오셔서, 이만.

아이의 행동이 수정되는 시점을 현장에서 종종 목격하곤 한다. 아이가 부모에게 고맙거나 미안할 때다. 돌이켜 생각해 보면 10대의 내가 삐뚤어지고 싶을 때마다 할머니가 맘 아파해서, 아빠에게 미안해서, 엄마에게 고마워서 등의 이유로 다시 마음을 잡곤 했다.

아이는 상상하는 것보다 부모를 많이 사랑한다. 부모가 자신에게 말이나 행동으로 폭력을 가하든 마음에 상처를 주든 외부로는 분노로 표출되는 많은 행동의 이면엔 그런 부모에게라도 사랑을 받고 싶은 상태의 아이라는 걸 현장에서 매번 느낄 수 있다.

아이가 부모에게 고맙거나 미안한 맘을 가질 수 있는 상황은 어른의 태도와 말에 달려 있다. 부모님을 만날 때마다 첫 번째로 부탁하는 건 부모와 아이를 위해 사실만 말해달라는 거다.

아이가 어떤 일을 해야 할 때 휴대전화를 계속 보고 있다면 원하는 상태를 찾아 긍정언어를 쓰면 된다. 생각해 보자. 아이는 이런 상황에 어떤 말을 가장 많이 들을까? 아이들에게 물어보니 이런 상황에서 듣는 말은 *"넌 왜 맨날 약속을 안 지켜?", "지금 그만두지 않으면 압수야!"* 등이다.

아이는 휴대전화를 계속 보고 싶은 것뿐인데 부모는 전체적으로 깎아내리는 말을 사용한다. *"넌 왜 하는 일마다 그 모양이야?"* 같은 언어는 아이를 돕는 언어가 아니다.

예를 들어 함께 외출하는 날 아이가 옷을 안 입고 다른 것에 집중하고 있다면 정확하게 원하는 상태를 말해주고 이후에 있을 일에 관해 얘기해 주면 된다. *"지금 옷을 입지 않으면 늦어."* 라고. 생활 습관이나 꼭 해야 할 일에 설명이 길 필요가 없다.

좋은 부모가 되고자 노력하는 많은 부모가 모두 듣고, 이해하며, 공감의 언어를 쓰기 위해 노력한다. 맞다. 그리해야 한다. 그에 앞서 정확한 경계를 알려주는 게 선행되어야 한다. 자기 몸 씻기나 방 정리 등의 '꼭 해야 할 일', 마트에서 장난감을 사고 싶지만 쓸 수 있는 돈의 한계가 있다거나 놀고 싶지만 잠을 자야 하는 등 시간의 한계를 알려주는 '하고 싶으나 할 수 없는 일', 숙제하거나 청소년이라는 신분이면 교육을 받아야 하는 등의 '하기 싫지만, 해내야 할 일'을 사실 그대로 말하는 부모가 아이에게 이롭다.

두 번째는 좋은 습관을 위해 규칙을 정하는 과정에 동참해야 한다. 부모와 아이는 우선순위가 다를 수밖에 없다. 예를 들어 사춘기 여자아이의 아침 시간 우선순위는 눈썹을 그리는 것일 수 있고 부모의 우선순위는 밥을 먹고 대충이라도 치우고 출근하는 것일 수 있다. 서 있는 곳이 다르면 풍경이 달라 보인다고, 부모는 아이의 건강과 출근 시간에 늦지 않는 것이 중요하지만 아이는 눈썹 그리기를 망치면 하루가 망가진다는 느낌을 받을 수 있다. 좋은 관계와 지속할 수 있는 소통을 위해 서로 다른 우선순위를 솔직히 말하고 함께 규칙을 정해보는 게 중요하다. 가정 내 규칙은 부모가 일방적으로 만드는 게 아니라 함께 만드는 방법이어야 부작용이 없다.

규칙을 정하고 지키는 좋은 습관으로 생활하기를 원한다면 반복적으로 알려줘야 한다. 가정 내에서는 좋은 습관을 위해 특정한 행동을 할 때 칭찬 스티커를 사용하거나 그래프 등 다른 규칙을 이용하기도 한다. 규칙을 정하는 방법은 달라도 된다. 잊지 말아야 할 상황은 어떤 부분을 허용할지 알려주는 것보다 어떤 부분을 지켜야 할지 규칙을 알려주는 게 중요하다. 규칙을 정하고 지키려는 상호 간의 노력과 지켜지지 않을 때의 약속까지 함께 정하는 과정이 매우 중요하다. 보통 나이에 따라 습관 교육 시 시간이 달라지는데 4살이면 8분, 5살이면 10분 정도, 나이의 2배의 시간을 활용하는 것이 좋다. 생활 습관, 과제를 푸는 습관 등 생활 역량이나 스스로 자신의 삶을 가꾸려는 노력이 초반 반복 교육으로 잡힌 아이와 방치된 아이와의 차이는 매우 크다.

부모 교육을 하면 할수록 부모에게 필요한 부분은 궁금증과 호기심을 동반한 관찰, 인내, 기다림이라는 것을 느낀다. 모두 '곁에서 들여다봄'이 기본이 된다. 부모가 곁에서 들여다보길 꾸준히 하며 청소년 시절을 보낸 아이는 시간이 흘러 본인이 가진 삶의 습관이 어디서 왔는지 느낀다. 늘, 여전히, 꾸준히 노력해 준 부모의 노고에 감사하게 된다. 부모처럼 '곁에서 들여다봄'의 삶을 다시 살아내며 삶의 소소한 기쁨을 알아낸다. 부모님을 생각하며 철없던 시절 고맙고도 미안했던 순간도 소중했다고 기억하고 자신의 삶을 소중히 가꾼다.

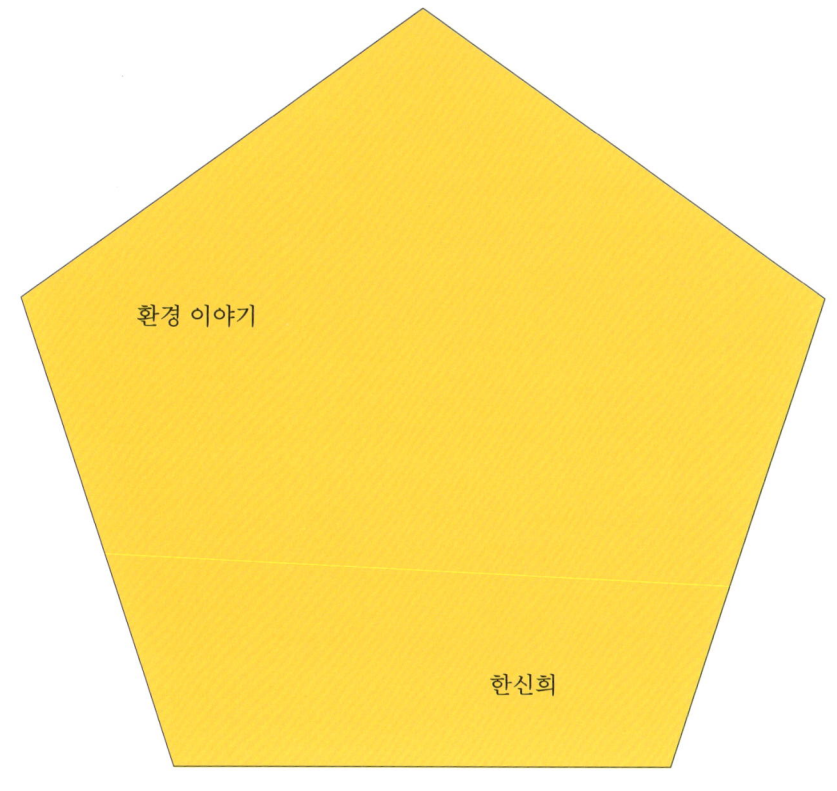

하나. 오늘부터 사지 않기로 한 물건이 있다.

대형 상점에서 파는 1+1 상품이다. 내가 잘 먹는 걸로는 유명하나(나이가 들며 위가 줄어 아쉬움) 과하게 먹지 않아도 된다. 먹을 만큼만 사기로 한다.

나는 오늘부터 배달한 음식을 먹지 않기로 했다. 이 결심은 정말
쉽게 할 수 있었는데 현재 내가 주로 머무는 단양과 봉화는
청정지역으로 '배달의민족' 서비스가 안 된다. 나의 결심에 큰
역할을 한 환경! 고마운 곳. 만약 해물찜이 진심으로 먹고 싶다면
그릇을 가지고 가서 받아오는 걸로. (꼭 지키길 스스로 다짐해
본다.) 도심 속에서 엄청난 플라스틱 용기에 담겨 배달되는
떡볶이, 해물찜, 족발 등을 수십 년 이용했으니 이 약속을
지켜내야겠다. 먹으면서 찜찜한 느낌을 덜어낼 수 없었으니 잘한
결심이다.

다만 너무 오지라서 꼭 필요한 생필품이 생기면 온라인 쇼핑은
해야 한다. 나만의 소비데이를 운영 중이다. 생필품을 저렴한
플랫폼을 이용해 구매하고 있다.

가계부를 보니 요즘 물품 소비를 확 줄여냈다. 쓰는 거라고는
차비와 식비, 그리고 가족의 병원비, 약간의 기부금이 전부다.
올해가 가고 병원비가 줄어들면 드디어, 분명코! 몸과 맘이
부유한 사람으로 서 있지 않을까?

과잉생산과 과잉 소비가 쓰레기 생산의 주요 원인이다.
이윤 추구만 하면 끝이고 폐기에 신경 쓰지 못해 공동체가
코로나로, 기후 재난으로 힘들었다. 앞으로 덜 힘들기 위해
분리배출(분리수거는 분리해서 가져가는 거니까 분리배출이 맞는
말)이 쉽게 물품 포장을 만들고 재활용이 가능한 페트병을 만들고
제품 디자인보다는 쓰레기 발생을 줄이는데 기업과 개인이 더
신경을 써야 한다. 효율만 앞세운 경영보다는 폐기물에 대한
고민을 한 회사의 물품이 더 팔려야 한다. 생산자가 폐기물에
대한 책임까지 질 수 있게 제도화하고 소비자도 인식하고
구별해서 구매할 필요가 있다.

이런 글을 쓰고 있는 나도 내 주변 쓰레기 매립지가 어딘지
모른다. 쓰레기 처리 시스템에 전혀 관심 없이 산 세월을
반성한다. 앞으로 몇 배로 관심을 가져 봐야겠다.

둘. 티백에 미세플라스틱 함유, 무려 수십억 개

2019년 9월 덥던 어느 날. 얼음이 담긴 찬물에 삼각 티백을 풍덩
두 개씩 담가 하루 종일 우려먹던 내게 충격적인 서울신문 기사
제목이 눈에 들어왔다.

<u>"삼각 티백으로 우려낸 티, 미세플라스틱 수십억 개 함유"</u>

달콤한 커피를 좋아해서 의식적으로 건강을 생각해서 삼각
티백의 티로 바꾼 건데 이럴 수가! 말도 못 할 배신감과 사기당한

느낌이 들었다. 그 기사의 내용은 이러하다.

플라스틱은 시간이 흐르면서 미세한 조각으로 부서지는데 미세플라스틱은 보통 5㎜ 이하, 나노 플라스틱은 100㎚ 이하를 말한다. 나노 플라스틱 입자는 머리카락 지름(7만 5,000㎚)의 750분의 1보다 작은 것이다. 연구진은 실험을 통해 티백 1개로 우려낸 티 한 잔 속에 미세플라스틱은 116억 개, 그보다 훨씬 작은 나노 플라스틱은 31억 개가 들어 있다는 것을 알아냈다. 연구진은 또 티백에서 나온 플라스틱 입자의 위해성을 평가하기 위해 다양한 분량으로 나눠 물벼룩(Daphnia magna)이 서식하는 수조에 넣어 분석했다. 그 결과, 물벼룩은 죽지 않았지만, 등껍질이 풍선처럼 부푸는 등 해부학적 측면에서 비정상적인 성장이 확인됐고, 일부 이상 행동을 보이는 것으로 나타났다. (서울신문 기사 발췌)

옥수수차나 보리차를 습관적으로 마시는 편이 건강에 좋겠으나 나는 아직 달콤한 커피믹스를 마시고 있다. 그 후 충격으로 모든 차와 서먹해졌다. 핑계를 대자면 벌크 형태의 옥수수차나 보리차를 파는 곳도 드물고 구하기도 쉽지 않다. 하지만 위의 기사 내용처럼 몸 안으로 들어온 미세플라스틱은 내분비계 교란 물질을 내보내서 인간의 호르몬을 교란한다.

환경이 오염되면서 안타깝게도 아이들에게 성조숙증이 증가했고 암 환자가 늘었고 성호르몬에 악영향을 주어 정자 수 감소 등이 나타나고 있는 현실이다. 분명 좋지 않다는 걸 아는데 아직도 편리를 위해 플라스틱 용기에 뜨거운 음식이 배달되고 오히려 코로나 이후 두 배 이상 늘었다.

아무것도 모르던 과거의 나는 플라스틱 컵에 뜨거운 티백을 우려먹어 환경호르몬 듬뿍 담긴 홍차를 즐겨 먹었고 플라스틱 재사용한다고 고추장, 된장 통에 뜨거운 음식을 넣어 보관했던 사람이다. 무식한 도깨비가 부적을 모른다더니 겁이 없어도 너무 없었다. 이제라도 바꿔봐야지.

주말엔 보리차를 사러 시장에 나가야겠다.

셋. 종이컵 안쪽이 왜 미끌미끌한지 아세요?

내가 잘 가는 국밥집이 있다. 국밥 맛이 진국인데 식당 상엔 비닐이 겹겹이 깔려있고 종이컵이 50개쯤 상 위에 쌓여 있다. 손님이 몰리는 시간에 빨리 치우고 다른 손님을 받기 위함을 알고 있다. 다만 맘에 걸린다. 꽤 큰 상에 겹겹이 쌓인 일회용 비닐 식탁보는 거부할 수 없으니 종이컵만큼은 사용하지 않기로 한다.

종이컵 안쪽을 감싸고 있는 매끈한 물질은 플라스틱의 한 종류인

폴리에틸렌 필름인데 종이가 물에 붇지 않도록 코팅되어 있다. 코팅이란 단어가 풍기듯 인간의 건강엔 좋지 않다. 모든 화학성분이 그러하듯.

종이컵은 일반 종이류와 함께 버리면 재활용되지 않는다. 분리배출 할 때는 종이컵 안에 들어 있는 내용물을 비운 뒤 헹군 후 눌러 붙이어 일반 종이류와 섞이지 않도록 종이컵만 따로 모아서 분리배출 해야 한다. (모르는 사람이 의외로 많다.)

종이컵으로 달달 커피(막대 커피?)를 잘 마신 나는 한때 '달달 커피는 종이컵에 먹어야 제 맛!'이라며 얘기하며 다녔던 자다. 뜨거운 물이 코팅된 종이컵 내부에 닿으면 건강에 좋을 리 없다. 우리가 그토록 얘기하는 환경호르몬이 배출되기 때문이다.

종이컵은 나무에서 왔다. 문득 식당에 앉아 종이컵 산을 보다가 나무가 한 네 그루 정도는 잘려져 나간 게 아닐까 생각했다. '그럼 물 마시지 말라고?'

아니다.

앞서 강조한 그것! '텀블러' 챙겨주세요!

넷. 물티슈는 화학 약품이 섭섭지 않게 들어 있어요!

지구를 위한 거부로 물티슈 거부하기를 해봤다. 습관이 얼마나 무서운 것인지 마음먹은 첫날 무의식적으로 티슈가 들어있는 비닐을 뜯고 있는 내 손을 보고야 만 것이다. 절반쯤 뜯었을 때 '세상에 이럴 수가!', 습관은 결심을 이긴다는 걸 느끼며 앞으로는 집이나 식당에서 물티슈를 기필코 거부하리라 다짐했다.

물티슈엔 여러 가지 화학 약품이 들어 있다. 일단 방부제가 있어서 내가 한번 쓰고 버린 물티슈는 내가 죽을 때까지 썩지 않고 지구 어딘가에 남아있을 것이다. 뜯지 않고 쓴 물티슈를 반납하는 습관을 들여야 하겠다.

보습제, 계면활성제, 향료, 살균 보존제 등 축축한 화학 약품이 가득한 제품을 습관처럼 사용하는 걸 나는 들여다본 후 알게 됐다. 그럼 지저분하게 씻지 말자고? 아니다. 나는 보기와 다르게 깔끔한 체를 하는 사람이다. 벌떡 일어나 화장실에 가서 손을 씻고 오는 걸 선택했다.

사족. 알 만한 사람은 알지만 아직도 종종 꽤 많이 일어나는 사건으로, 꼭 필요한 주의 사항이 있다.

물티슈의 정체는 플라스틱 실로 짠 부직포다. 변기에 들어가면 치명적.

다섯. 나는 18살 때 화장을 시작했다.

풀 메이크업 상태로 30년을 살았다. 요즘 최소한의 삶을 지향하는 것에 관심을 가지며 기존 화장법을 바꿔냈다. 스킨로션-앰플-아이크림-로션-크림-선크림-톤업크림-파운데이션-콤팩트-색조 화장 등이던 수많은 단계를 짧게 바꿨다. 이유는 더 이상 화장해도 예전 같지 않은 얼굴(난 괜찮아!)이기도 하지만 짧게 바꾼 이유를 외부에 노출하자면 내면을 더 봐도 괜찮을 나이라고 굳이 힘주어! 얘기하겠다.

화장을 지우고 물로 씻어내는 과정에서 어쩔 수 없이 하천이 오염된다. 기미와 주근깨가 무서워서 꼭 챙겨 바르던 자외선 차단제의 화학성분은 해양생태계를 교란하는데 특히 자외선 차단제는 해양생태계를 교란해서 해양생물에게 악영향을 끼친다.

태평양에 있는 도시국가 팔라우는 산호의 백화현상(흰색으로 변하며 폐사)을 유발하고 해양생태계에 해를 끼친다는 이유로 2020년 1월부터 선크림을 금지하는 첫 번째 나라가 됐다. 남태평양의 작은 섬나라가 이렇게 용기 있는 결단을 내려 준 것에 힘입어 나도 수많은 단계를 줄여 스킨로션-크림-콤팩트-색조 화장으로 바꾸기로 했다.

색조 화장을 포기 못 한 핑계를 대자면 한 번은 친구를 만나러 콤팩트까지만 하고 나갔는데 '아프냐?', '꼴이 왜 이 모양이냐?', '누렇게 떴네' 등 온갖 시비(?)를 거는 친구 앞에서 걱정을 끼치는 사람이 되고 만 바람에, 그 핑계로 좀 더 유지하기로 했다.

화장품을 정리하다 보니 선물 받은 것이 많다. (그 맘에 감사!) 소비기한이 꽤 지난 화장품도 나는 잘 쓰고 있다. 시일이 지난 화장품을 정리하고 쓰는 순서를 정해 보니 적어도 1년은 화장품을 사지 않아도 될 양이다. 너무 풍족한 삶을 누렸다.

아름다운 여성이 유혹하는 눈길로 '이 제품 쓰면 나 같이 될 걸?'이라 말하는 곳곳의 광고가 무의미해졌다. '그렇게 안 되더라!'를 알았고, 내겐 아직 쓸 것이 너무 많다. 심심하면 들르던 올리브 영에서 쉽게 사 오던 모든 소비를 멈추게 됐다. 감사한 일이다.

줄인 대신 피부에 양보해야 할 것이 생겼다. 뜨거운 날 모자 챙기기, 커피 대신 물 더 마시기, 가공식품 덜 먹기, 잘 자기, 걷기 등이다.

일상의 습관을 건강하게 만들어 내는 것이 환경 생각과 연결되어 있다. 그 중요한 부분을 이제야 알다니.

여섯. 죄책감이 뿌듯함이 되는 순간의 경험

내 주변엔 손으로 창작활동을 하는 많은 이들이 있다. 그중 금손 중 금손이 존재한다. 줄이고 재사용하고 재활용하는 삶을 선택한 언니다. 나는 그녀로부터 재사용하고 재활용한 딱 좋은 제품을 선물 받아 소유하게 됐다. 언니가 예전에 입던 상의를 자르고 꿰매고 붙여 만든 손가방이다. 새 활용에 관심이 있는 언니는 자녀가 집에 오랜만에 돌아올 때도, 동생을 만날 때도, 주변의 물건을 새로운 것으로 만들어 선물하기를 즐긴다. 쓰임이 있고 감동까지 더한 물건이 아닐 수 없다.

좋은 건 배우고 싶은 맘에 텀블러를 감싸는 주머니를 만들어 보려 시도했으나 도저히 들고 다닐 수 없는 물건이 되어버렸다. 그럼에도 불구하고 도전! 멀쩡한 걸 버리는 죄책감이 왠지 모를 뿌듯함이 되는 기적이랄까?

경북지역 두 곳의 쓰레기 매립지에 매립되는 양을 줄이는 작업을 나부터 시작한다는 것에 내 도전의 의미를 둔다. 이것만으로도 충분하다.

일곱. 분리배출

얼마 전 외국 청소년대표단이 국립청소년미래환경센터를 방문했다. 함께 대화 나누는 과정에서 한국의 쓰레기 분리배출에 대해 질문을 했다. 아무래도 플라스틱을 많이 수출하고 쓰기도 하는 나라라고 생각해서일까? 씁쓸하고 미안함이 들려고 했으나 미래환경센터이다 보니 궁금한 모양이야, 라고 생각하며 최선을 다해 설명했다.

분리수거는 지자체와 계약된 업체가 하고 우리는 분리배출을 한다. 지구 쓰레기가 지구 전체를 뒤덮을 양이 나오기 때문에 쓰레기를 줄이고 재활용해 자원으로 순환하는 구조를 만들어야 하는데 그러기 위해서는 분리배출이 필요하다. 분리배출을 아주 잘해도 한국은 플라스틱 생산 전 세계 5위이다. 안타깝게도 아직 재생 원료 기준과 재활용을 위한 분류체계가 미약하다.

플라스틱은 한번 생산되면 사라지는데 500년 이상 소요된다. 물, 흙, 공기, 생명체 등 플라스틱이 발견되지 않는 곳이 없다. 매년 전 세계적으로 플라스틱 폐기물은 3억 5,000만 톤에 달하고 이 양은

가늠이 안 되지만 트럭 1,000만 대를 가득 채우고 남을 양이라고 한다. 폐기되는 플라스틱 가운데 91%는 버려진다. 재활용되는 플라스틱은 고작 9%다.

알다시피 소각되는 과정에서 유해 물질이 배출되어 대기를 오염시키고 매립 시 토양이 오염된다. 강과 바다로 흘러 물과 해양생물을 오염시키고 이미 인간의 혈액, 생식기 등에 영향을 미치고 있다. 가슴 아프지만 태아에게서도 미세플라스틱이 검출된 상태다.

국제적인 움직임은 계속되고 있다. 2024년 플라스틱 국제협약이 진행될 예정이다. 법적 구속력을 가진 국제 규제를 마련해 플라스틱 생산 감축을 이루려 노력 중이다. 국내에선 아직도 흔히 보이는 비닐봉지는 케냐라는 나라에서 사용하다 적발되면 약 3만 8,000달러(약 4,900만 원)의 벌금을 내야 한다.

개인이 안 쓰는 것도 중요하지만 재활용이 어렵다는 것도 큰 문제다. 한국환경산업기술원은 <플라스틱 국제협약 협상 동향 조사·연구> 보고서에서 *"플라스틱 재활용의 가장 큰 문제는 재생 원료 수급이 어렵다는 것이므로 대기업-중소기업 협력이 절실하다"*라고 했다. 환경부 조사에 따르면 국내 플라스틱 폐기물 발생량이 한 해 1,000만~1,100만 톤인데 44% 정도 재활용되고 있다고 밝혔다. 하지만 이는 재활용업체의 '수거율'에 불과하다. 실제로 기업이 이를 자원화하려 해도 분류체계와 유통망이 제대로 갖춰지지 않아 활용할 수가 없다.

플라스틱 국제 규제가 마련되면 일회용 비닐봉지 생산 및 유통을 금지하고 플라스틱 식기류 등을 금지한다고 하는데 우리나라는 앞서 말했듯 중국, 미국, 독일, 인도 다음으로 플라스틱 생산 5위 국가다. 전 세계 플라스틱 생산량의 4.1%를 차지하고 있고 2022년 수출 실적에 중소기업 수출 품목 1위가 플라스틱 제품이라고 한다. 경제적인 직격탄을 맞는 것이다. 그래도 국제 규제에 귀를 기울이고 준비해야 한다. 세계 플라스틱 사용에 지대한 영향력을 끼친 5대 나라로써 책임감을 느끼고 성실하게 지구환경을 위해 정부, 지자체, '나'라는 개인이 동참하고 힘을 모아야 한다. 나는 뭘 할까? 가장 쉽게 할 수 있는 일 먼저 생각해 보자.

여덟. 장바구니 사용

장 보는 날이면 검정 비닐을 주렁주렁 들고 집으로 들어오던 나에서 종량제 봉투를 들고 오는 나로 바뀐 지 얼마 되지 않아 자발적으로 장바구니를 들고 다니게 됐다.

손바닥만 한 크기지만 물건을 담으면 마법처럼 커지는 화려한 천 가방을 선물 받았다. 물건이 담기면 한없이 늘어난다. 흙 묻은 고구마를 담아도 지저분해 보이지 않는다는 게 엄청난 장점이다.

오랜만에 만난 귀한 친구가 따뜻한 천 가방 안에 책과 립스틱, 스카프를 담아 나에게 선물했다. 립스틱과 책도 귀하고 스카프도 예쁘지만 가장 맘에 들어온 게 이 가방이다. 이토록 화려하고 카멜레온처럼 변하며 스스로 지저분해 보이지도 않게 하는 마법의 자루(?)라고나 할까? 검정 옷이든 컬러풀한 옷이든 어떤 패션에도 찰떡같이 잘 어울리는 가방을 선물해 준 친애하는 친구에게 매우 감사해 하고 있다.

대형마트보다 재래시장을 주로 이용하는데 시장에선 비닐봉지를 쓰지 않으려 상인과 기싸움을 하게 된다. 굳이 필요 없다고 몇 번을 말씀드려도 흙 묻어서 안 된다고 꼭 담아 주시려고 한다. 이젠 나의 화려한 자루를 보시고는 *"거기다가 그냥 담을 거지?"* 물어봐 주시곤 한다. 조금 더 시간이 지나면 비닐에 담았다 빼는 수고는 덜 수 있을 듯하다.

장보기 시 마법의 자루를 강력하게 추천해 드립니다. 뿌듯.

아홉. 쓰레기 줄이기

24살 된 냉장고 손잡이가 심하게 낡았다. 냉동도 안 되고, 아래 판은 녹슬었다. 버릴까 말까 고민하다가 예술혼을 발휘해서 살렸다. 냉장마저 숨이 멎으면 버리기로 맘먹었다. 색칠하다가 말도 못 하게 번져서 하얀색 부분도 푸르게 변색 되었어도 뿌듯함이 맘 안에 가득하다. 죽기 직전 소생시킨 느낌이랄까?

기후로 인한 재난이 일상이 된 2023년이었다. 극단적인 기상현상은 예측도 어렵다고 한다. 예측할 수 없는 기상현상이 기후 위기다. 우리나라뿐 아니라 세계 곳곳에서 일어나고 있다. 나는 이웃 나라인 일본의 동일본 대지진을 기억한다. 2011년 3월 11일 일본 동 북부지방을 규모 9.0 지진이 관통했다. 그 후 파괴적인 지진 해일이 아파트 13층 높이(38미터) 정도로 덮쳤고 핵발전소가 폭발했다. 후쿠시마는 방사능 유출로 사람이 더 이상 살 수 없는 곳이 많아졌다.

1만 8천 명 규모의 사망 또는 실종 피해가 발생했다. 일본 환경성은 대지진 후 쓰레기양을 대략 2,500만 톤이라고 추산 결과를 내놓았다. 그 양이 얼마나 되는지는 모르겠으나 영상으로 거대한 쓰레기 더미가 물에 둥둥 떠다니는 걸 목격했다. 소비가 거대한 가속을 부추긴다는 말이 있다. 인구도 많고 한 명의 사람이 점점 더 많이 소비하려는 욕망이 거대한 가속을 만든다.

새 냉장고를 검색하다가 잠시 멈추기로 했다. 기업은 최고의 상품을 필요 이상으로 만들어 이윤을 창출하려 소비를 부추긴다. 터치만으로 레시피를 알려주는 냉장고, 색이 바뀌는 냉장고, 김치 맛이 끝내주는 냉장고, 포도주 보관에 탁월한 거대한 냉장고를 검색해 보다가 멈춘다. 1년 이상 더 쓰기로 결심한다.

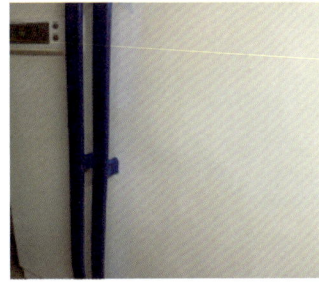

물론 색칠한 냉장고를 본 가족은 *"이게 뭐야!"*라며 나의 예술혼에 생채기를 내는 말을 던지지만 뿌듯함이 생채기를 이긴다. 오늘, 정신 승리로 거대한 쓰레기 산에서 냉장고 하나를 뺐다. 그걸로 충분한 하루.

열. 영수증 필요 없습니다!

오랜만에 친구와 만나 망원시장을 걷다가 아이들이 좋아한다는 음식인 탕후루는 한번 먹어봐야 하지 않겠냐는 생각에 탕후루 체험을 했다. 이런 달콤함과 식감을 좋아하는구나! 나무에 꽂힌 샤인 머스캣 위에 달콤하고 바삭거리는 설탕물이 고체 형태로 감싸고 있어 과일도 단데 한입 깨무는 순간 극강의 단맛 체험을 했다. 이 가격에 이 맛은 두 번은 못 먹을 거 같았다.

탕후루를 사기 위해서도 급한 거절이 필요했다. 주문하는 순간 빛의 속도로 하얀 종이컵에 담으려 분주한 청년에게 더 빠른 속도로 *"괜찮습니다!"* 라고 말했지만, 종이컵을 꺼내려던 손은 멈추지 않고 *"흘릴 수 있어요."* 라는 대답이 돌아왔다. 급히 손사래를 쳐서 그냥 막대만 받을 수 있었다.

일회용 물품을 쓰지 않는 일엔 신속한 거부가 필요하다. 영수증도 마찬가지다. 계산 전 *"영수증 필요 없습니다."* 하고 말해도 종이 영수증이 이미 나와 있는 경우가 많다. 종이 영수증은 우리나라에서 한 해 146억 건 정도 나온다. 지구를 여섯 바퀴 돌고도 남을 양이라고 한다. 영수증 용지는 화학 처리가 되어 있어 재활용이 안 된다.

오늘부터 나는 더욱 철저하게 거부할 준비를 해보려고 한다. 재래시장에서 물건을 살 때 *"흙 떨어져서 안 돼!"* 라며 굳이 비닐에 담아주시는 상인에게, 회의 참여 시 미리 음료 선택을 묻는 직원에게 *"괜찮습니다."*, *"텀블러 사용하겠습니다."* 라고 말하려고 한다. 유난스럽다거나 그거 하나 쓴다고 세상이 망하겠느냐는 말을 들어도 괜찮아하기로 했다. 정말 이러다가 망할 것 같으니까. 이거야말로 다급하다고 생각하니까.

이젠 유난스러워야 한다. 위대한 거부를 해야 한다.

듣기 싫은 말, 듣고 싶은 말

범경아

보육원에 다녀온 후부터 마음이 복잡하다. 처음엔 *"일상적인 교육이니 재밌게 해달라"*고 하셨다. 인권이나 성교육을 원하시는 경우 종사자나 아이들 사이에 문제가 있는 경우도 있기에 여쭤보았는데, *"우리 애들이 착해서 그런 걱정은 없다"*고 하셨다.

어느 날 늦은 저녁에 전화가 왔다. 담당자는 울먹이면서 말을 잇지 못했다. *"우리 선생님들은 아이들을 정말 사랑하는데, 아이들은 모르는 것 같다"*고.

지도교사가 약속한 취침시간이 지나도록 휴대폰을 보며 웃고 큰 소리를 지르는 아이에게 *"너무 늦었으니 그만 자라"*고 했다. *"내 자유다. 인권침해를 당했으니 신고하겠다"*고 위협하면서 녹음을 했고 따라 하는 아이도 생겼다고 한다. *"착했던 아이들이 갑자기 변해서 선생님들이 상처를 크게 받고 너무 힘들어하신다"*면서 *"그만두고 싶어 하는 선생님도 계신다"*고 하셨다. *"선생님들께서 그동안 얼마나 힘드셨겠냐"*며 위로했다. 인권의 중요성을 설명하기 전에, 마음을 닫았을지도 모를 아이들에게 '자신이 얼마나 귀하고 소중한 사람인지'를 전해야 했다. 자신을 사랑할 줄 아는 사람이 다른 사람도 사랑할 수 있기 때문이다. 자신을 사랑하고 소중한 존재로 깨달을 방법을 연구했다.

강의 당일이 됐다. 종사자 교육 2시간, 아이들 교육 2시간 총 4시간의 교육을 위해 대형 보드게임을 비롯해 다양한 도구와 간식을 강당에 세팅했다. 선생님들의 고민과 어려움을 경청했고, 그동안 다친 마음을 위로해 드렸다. 소명을 갖고 이 자리를 지키는 선생님들께서 얼마나 귀한 일을 하시는지 말씀드렸다. 성장하는 아이들이기에 감정조절이 잘 안되거나 자신을 소중히 여기지 않고 제대로 표현하지 못해서 하는 행동이라고 말했다. 아이들이 지금은 잘 표현하지 못하지만, 나중엔 감사할 것이라고 했다. *"선생님들은 부모가 아닙니다. 끝까지 책임질 수 없습니다. 우리는 아이들이 건강하고 잘 성장하도록 돕는 전문가입니다. 전문가답게 최선을 다했다면, 결과에 대해서는 너무 속상해하지 마세요."* 너무나 당연한 이 말이 선생님들께는 큰 위로가 된 듯했다. *"아이들을 많이 사랑해서 상처가 더 컸는데, 그 사실을 인정해주고, 마음을 대변해줘서 위로받았다"*, *"종사자들에게도 인권이 있다는 것을 알려줘서 고맙다"*고 하셨다.

초5부터 고3까지 쏟아지듯 들어왔다. 강의 전에 참여자들이 어떻게 노는지, 누구와 어떤 방식으로 노는지, 누구와 친밀하고 서로 어떻게 행동하는지를 관찰한다. 예상대로 큰 소리를 지르며 달려왔다. 아이들이니까 당연하다. 큰 더미로 쌓아놓은 간식과 5종이 넘는 대형 보드게임, 오징어·붕어빵·병아리·닭·토끼 등 다양한 모자들을 보면서 초등 5학년 남자아이들이 뛰기 시작했다. 허락 없이 만지면 허락하지 않았고, 물어보는 경우엔 허락했다.

'인권교육을 많이 받아봐서 다 안다'는 아이들의 마음을 열기 위해 일단 놀았다. 궁금해 하던 대형 보드게임을 순서대로

꺼내놓자 환호성을 지른다. 수업 중 의자 위로 올라가거나 다른
아이를 밀치는 아이에게는 규칙을 지켜야 함께 놀 수 있다고
반복해서 말하면서 진정시켰다. 대부분은 집중했고 같은 조
아이들과 협력했다. 튀고 싶고 주목받고 싶어서 서로 다투거나
심한 장난을 치는 아이들은 조를 바꾸고 게임을 한번 쉬게
했다. 보드게임과 물품을 함부로 다루고 잡아당길 땐 그 행동을
제지하면서 낮은 목소리로 <u>"나에게는 소중한 물건인데 이렇게
잡아당겨서 찢어지니까 속상하다"</u> 하고 도구를 내려놓게 했다.
한 시간 정도 간식 획득 게임을 하자 욕하는 아이들이 생겼다.
자기보다 덩치가 작은 아이의 목을 잡아당기고 밀치면서 욕을
한다. <u>"친구를 때리고 욕하면 안 된다"</u>라고 했더니 <u>"쟤는 친구
아니고 동생이고, O신 같은 애라서 욕먹어도 된다"</u>라고 했다.
나는 즉시 모든 게임을 중단하고 휴식시간을 가졌다. <u>"모두
즐겁게 놀려면 서로 약속한 규칙을 잘 지켜야 한다. 내가 듣기
싫은 말은 상대에게도 하지 말자"</u>고 하면서 자연스럽게 인권을
설명했다. 짧은 인권 영상을 보는데 일부가 서로에게 욕을 하고
히히덕거렸다. 욕하는 소리가 점점 커져서 영상을 중단했다.
조별로 '듣기 싫었던 말'과 '들으면 기분 좋아지고 행복해지는
말'을 적은 포스트잇을 붙이게 했다.

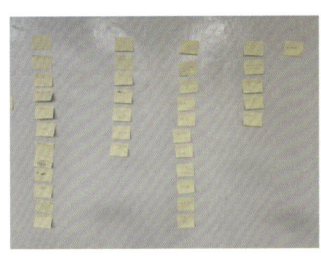 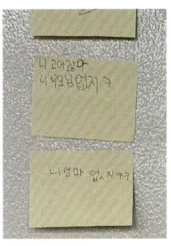

'너 엄마 없지', '너 고아지', '너네 엄마 도망갔지', '고아 새O'
등 기분 나쁜 말이 가득하다. 감정 없이 읽어주자 키득거리며
웃는다. 서로를 가리키며 *"맞아요. 이 새O 엄마 없어요"*, *"얘 고아
새O예요"*, *"엄마가 도망갔대요."* 내가 대꾸하지 않고 조용하자 큰
아이들이 조용하게 했다. "이런 말을 하는 사람이 여러분 인권을
침해하는 사람입니다. 세상에서 제일 귀한 존재인 여러분에게
이렇게 함부로 말하는 사람이 바로 인권을 침해하는 거예요."

듣고 싶은 말, 들으면 좋은 말엔 '너 공부 잘한다', '존잘', '예쁘다',
'잘못해도 괜찮아', '너 멋지다', '착하다'. 아이들이 타인의 평가에
지나치게 민감하다는 생각이 들었다. "공부 잘하면 정말 좋죠.
그런데 공부를 못해도, 예쁘지 않아도, 착하지 않아도 여러분은
그 자체로 소중하고 귀한 사람들이예요. 이모, 고모, 삼촌(보육원
선생님)들이 여러분을 얼마나 사랑하고 예뻐하는지 알지요?".
아이들이 끄덕였다. "여러분이 OOO(보육원)에 어떻게 왔든지,

그것은 여러분 잘못이 아니에요. 어른들이 정말 미안해요."
젤리통에 담긴 과자껍질과 쓰레기를 보여주면서 서로 욕하고 때리던 아이들에게 말했다.
"쓰레기 같은 말을 네 마음에 담으면서 스스로 쓰레기통이 되지 마. 쓰레기를 담으면 쓰레기통이지만, 원래는 젤리통이야. 쓰레기 같은 말을 하는 사람이 너의 인권을 침해하는 거야. 너네는 그런 말을 들을 사람이 아니야."
까불던 아이들이 고개를 돌리고 운다.
"괜찮아, 잘 못해도 괜찮아. 너희들은 지금도 자라고 있잖아. 쌤은 너희가 여기서 선생님들의 보살핌을 받으면서 좋은 어른으로 잘 자라길 바라."
고개를 숙이고 울던 아이들이 조금씩 고개를 든다.

두 시간 내내 지치지도 않고 까불던 아이에게는 개그맨의 소질이 있는 것 같다고 했더니 개그맨이 되어서 돈을 많이 벌고 싶단다. 대형 주사위를 머리로 튕기던 아이에게
"운동선수를 해도 좋을 것 같다"고 했더니 놀란다.
 다른 아이들도 "오늘 처음 본 범쌤이 우리의 꿈을 어떻게 알았느냐"고 놀란다.
"얘들아, 나중에 돈 많이 벌면 OOO(보육원)에 기부하면 어때?",
"전 1억 후원할 거예요", "제가 제일 많이요".
후원금 경쟁이 붙었고, 환호를 받았다. 남은 간식을 나눠주면서 아이들과 인사했다.
"범쌤, 8월에도 올 거예요?",
"응, 그때는 저학년 동생들이랑 만날 거야."
게임 상품인 과자가 너무 맛있었다고 한 목소리로 외친다. 자기 방 이모, 고모, 삼촌한테 자랑하고 나눠드리겠다고 한가득 들고 강당에서 뛰어나간다.

강의 후 담당자께서 말씀하셨다.
"원가족에게 학대나 폭력을 당한 아이들은 심한 말이 얼마나 상처를 주는지 잘 알고 있다. 자신이 들은 가장 심한 말을 하면서 친구들과 선생님들에게 상처를 주는데, 오늘을 계기로 그동안 거칠게 행동하던 아이들이 조금씩 바뀔 것 같다. 강의 들으셨던 선생님들도 위로를 많이 받았다. 감사하다." 원장님이 달리듯 오셨다. "선생님들과 아이들이 좋아하고 잘 이해했다. 이게 바로 원하던 강의다", "아이들이 자신을 소중하게 여기면 좋겠다. 강당 아이들이 원장실로 와서 인권교육이 너무 재밌었다고 얘기했다". 나는 원장님께 "아이들을 사랑하고 아끼는 선생님들을 만날 기회를 주셔서 감사하다"고 말씀드렸다.

다음 달에 만나는 아이들은 초등 저학년. 모두 베이비 박스를
통해서 아가 때부터 보육원에서 자란 아이들이다. 부모님도
모르고 그동안 만난 세상은 보육원이 전부인 아이들. 종사자들이
세상의 전부인 아이들이다. 두 시간 강의에 사람이 바뀌지도,
상처가 모두 치료될 수도 없다. 그래도 작은 변화와 위로가
있길 기도하며 보육원을 떠났다. 폭우가 온다. 와이퍼를 아무리
움직여도 앞이 안 보이도록 비가 쏟아졌다. 아이들을 사랑하고
안쓰러워하는 선생님들의 마음이 느껴졌다. 장대비보다 더 아픈
아이들의 상처가 운전하는 내내 쏟아졌다.

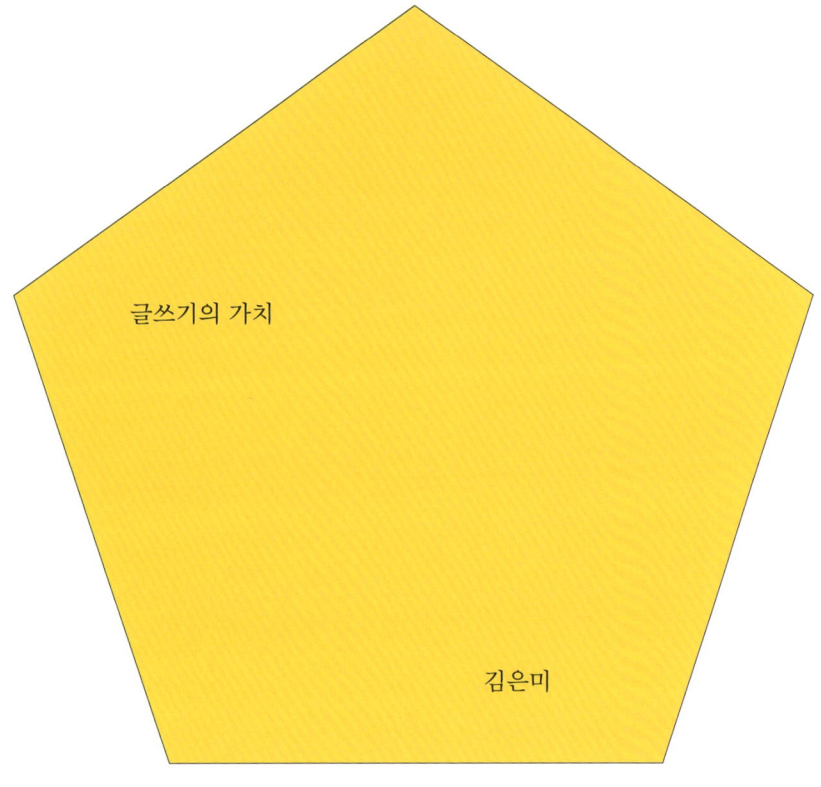

글쓰기의 가치

김은미

오십 일간의 글쓰기, 오글을 시작하면서부터 생긴 버릇이 있다. 모든 순간을 글로 변화시키는 일이다. 이런저런 일을 하면서 이것을 글로 쓴다면 어떻게 쓸까를 먼저 생각한다. 밥을 지으면서, 업무를 보면서 또 다른 글을 쓰거나 읽으면서 써야 할 글을 구상한다. 그러나 늘 거기에 그치고 만다.

어떤 날은 바람의 방향을 살피며, *"자연의 바람을 좋아하는 나는 요즘같이 무더운 날엔 바람의 길을 세심하게 살피는 날이 많다."* 라고 썼다. 이걸 한 번 써볼까? *"바람의 흐름에 맞춰 선풍기를 틀어놓으면, 바람도 시원하고 환기도 잘 된다. 그러나 요즘처럼 바람이 미약하면 그마저도 큰 도움이 되질 않는다. 옛이야기에 바람을 이기는 게 햇볕이라더니 요즘 바람은 패잔병이 되어 모두 어디론가 사라져 버린 것 같다."* 그다음엔 무엇을 써야 하지? 고민하다 멈추고 말았다. 또 어떤 날은 아들이 잘못 버린 음식물 쓰레기 때문에 날파리 천국이 되어버린 우리 집 이야기를 쓰다 멈추었다.

그동안 나의 글쓰기는 타인을 의식한 글쓰기였다 해도 무방하다. 내가 썼던 글의 대부분은 공인된 글을 인용하고, 이를 근거로 내 주장을 펼치거나 일정한 규정에 맞는 글을 써 유능한 누군가의 평가를 받는 글이었다. 그러다 보니 글 자체에 감정이 거의 없었다. 감성 충만한 내가 주로 이러한 글을 썼다니 아이러니하다. 그 때문에 쓰면 쓸수록 더욱 어려웠다. 막무가내로 막 쓰면 글쓰기가 는다고 하던데, 나는 그게 잘 안 됐다. 우선, 보이지 않는 타인들을 의식하며 글을 쓰다 보니 자연스럽게 자기검열부터 했다. 이러한 이유로 보다 긍정적으로, 보다 수려한 문장으로, 보다 감동적인 글을 쓰고자 하는 유혹을 떨쳐내기가 어려웠다. 현상을 세밀히 써 놓고는 '그래서 뭐? 뭘 얘기하려는 거지?'라는 자문에 턱 막혀버리는 경우가 허다했다. 그렇게 썼다 지우기를 반복하다 포기하기를 여러 번. 쓰고 싶은 이야기들은 그저 머릿속에서만 맴돌다 지나갈 뿐이었다. 어떻게 하면 내 글을 쓸 수 있을까를 고민하다 '나는 왜 글을 쓰려고 하는가? 글쓰기의 어떠한 점 때문에 잘 쓰지도 못하면서 포기하지 못하는가?' 라는 질문에서 멈춰 섰다.

누군가는 힘든 삶 덕분에 계속 쓴다고 했다. 또 다른 누군가는 자신들을 힘들게 했던 다른 누군가 때문에 지속해서 쓸 수 있다고도 했다. 그렇다면, 나는 무엇 때문에 글을 쓰려고 하는가? 돌이켜보면, 글쓰기는 내 삶 가장 가까운 곳에 있었다. 초등학교 때엔 단순한 기록이었지만, 하루를 돌아볼 수 있어 좋았다. 중고등학교 때엔 감정 표현의 통로인 동시에 혼자만의 안식처가 되기도 했다. 조금 커서는 오늘보다는 나아질 나를 기대하며 썼다. 그렇다면 지금 나는 어떠한 이유로 글을 쓰는 것일까?

한때 겁도 없이 글쓰기를 업으로 삼고 싶었던 적도 있었다. 그러나 지금은 특별한 이유도 없이 그냥 쓰고 싶다. 그뿐만 아니라 앞으로도 계속 쓸 것이 자명하다. 또한 글쓰기를 잠깐

놓을 때조차도 쓰기를 위해 읽기에 집중한다. 내 삶에 있어 쓰기의 가치가 무엇이기에 이리 놓지 못하는 것일까? '가치란 인간이 대상과의 관계에 의해 지니게 되는 중요성'이라고 하니 글쓰기를 통해 얻게 되는 중요한 것들일 수 있겠다. 글쓰기를 통해 무엇을 얻고자 하는가? 라는 질문의 답이 글쓰기를 놓지 않으려 하는 이유의 단서가 되지 않을까 한다. 이와 관련해 법륜 스님의 얘기를 빌리자면 태어난 의미를 찾기보다는 의도했건 그렇지 않았건 이미 태어났으니 앞으로 어떻게 살 것인가가 더 중요하다고 하셨다. 그분의 말을 적용해 보면 왜 쓰는가에 집중하기보다는 어떻게 쓸 것인가에 집중하는 게 더 낫다는 의미와 맞닿는 것 같다. 작가가 되고 싶은 것도 아닌데 쓰는 일이 나에게 이렇게나 중요하니 말이다.

그동안 난 어떻게 글을 썼을까? 돌이켜보니 글쓰기를 통해 나를 되돌아보았다. 요동치는 마음을 가라앉혔고, 머릿속으로만 생각한 것들을 명료하게 정리하기 위해 글을 썼다. 두서없이 썼던 글을 시간이 지난 후 다시 읽으며 '아! 이때는 이런 생각을 했었구나! 이런 생각은 지금과 크게 달라지지 않았네!' 라며 반성하고, 웃음도 지어 보며, 앞으로 나아갈 방향을 다잡곤 했었다. 이처럼 나의 역사가 고스란히 담긴 글들은 나의 마음을 가라앉히고, 감정을 정화하며 혼란했던 생각의 타래를 정리했다. 그러한 작업 이면엔 잘 살고자 하는 희망이 있었다. 오늘보다 나은 내일을 살고자 하는 마음. 먼 미래에 내가 쓴 글을 읽는 날이 오게 된다면, 오늘의 나를 잊지 않고, 오늘보다는 조금 나아진 내가 되기 위해서 말이다. 그렇다면 오늘보다 나은 삶이란 어떠한 것일까? 잘 사는? 행복한? 참으로 두루뭉술한 것 같다.

얼마 전 임경선의 「태도에 관해」라는 책을 읽었다. 나를 살아가게 하는 가치들이 부제였던 그 책을 읽으며 나도 나를 살아가게 하는 가치들을 살펴보았다. 나는 오랫동안 '행복한 삶'을 꿈꾸며 살았다. 어떻게 살아가야 지금 내 삶이 행복할까를 꿈꾸다 보니 행복한 하루하루가 쌓여야 삶 전체가 행복할 수 있겠다는 생각이 들었다. 더불어 일상의 소중함을 깨닫는 일이 중요하다는 것도 알았다. 그래서 매일 감사 일기를 쓰기 시작했다. 그러나 쓰면 쓸수록 내 맘을 속이는 것 같아 바로 멈춰버렸다. 나를 납득시킬 만한 감사함이 아니었다. 감사 일기를 쓰기 위해서는 상황을 잘 살펴야 했고, 상황 속 나를 잘 살펴야 했다. 스스로를 속이지 않는 진실한 태도로 있는 그대로의 나를, 느끼는 감정 그대로의 나를 꼼꼼히 살펴야 했다. 정직하지 못한 모습이나 비열한 행동을 할지라도 자책으로 끝내지 말고, 날카로운 시선으로 나를 돌아보며 감사한 마음을 찾아야 했다. 나를 살피는 데 좀 더 성실했어야 했다. 거짓 없는 진실한 마음이나 태도로 나를 바라보았을 때, 느껴지는 맘이 나를 가장 잘 납득시킬 수 있는 진정한 나의 마음일 진대, 이를 위해 성실하지 못했던 것 같다.

이를 좀 더 확장해 타인에게도 적용하고, 내가 하는 모든 일에도 적용하면 좀 더 나은 삶이 되지 않을까? 내 생각이나 판단이 섞이지 않는 타인의 의도를 있는 그대로 살피고, 내가 존중받고 싶은 만큼 그들을 존중하며 그들이 원하는 것들을 진실한 맘으로 느끼는 것이 타인을 향한 나의 성실함인 것 같다. 타인을 충분히 사랑하되 때로는 사랑하는 맘을 거두어 줄 수도 있어야 하고, 그들과의 관계가 소원해졌다고 해서 실망하거나 노여워하지도 말아야 할 것이다. 관계의 거리가 질을 반영하는 것이 아니니까. 원하는 만큼의 관심을 주지 않는다고 서운할 일도 아니다. 그냥 느껴지는 시선만으로도 족하다. 그들은 나와 다른 개성을 지닌 존재라는 것도 잊지 말아야 한다. 내가 행하는 모든 일에서도 마찬가지다. 원하는 일이든 그렇지 않든 온 힘을 기울여 진실한 태도로 임해야 한다. 지금 하는 일은 살아가는 데 꼭 필요한 일이니 그런 것들을 따진들 회피할 수 없다. 피할 수 없으면 즐기라 하지 않던가! 이렇듯 나를 성실히 살피고, 타인에게 진심을 다하는 맘을 놓지 않을 때 좀 더 나은 삶이 될 수 있는 첫걸음이 될 것이다.

글쓰기를 놓지 못하는 이유를 찾다 보니 글의 방향이 여기까지 이르렀다. 그동안 좀 더 나은 삶을 살기 위해 썼던 글들은 이러한 맘을 돌아보게 했고, 같은 실수를 반복하지 말자고 다짐하게도 했다. 분명 더 많은 글을 쓰면, 내가 납득할 수 있는 더 많은 이유들이 등장할 것이다. 바로 이러한 점들이 내가 글을 쓰는 이유이며, 쉽게 놓을 수 없는 쓰기의 가치가 아닐까 한다.

2.

공감과 성장

존중하고 성장하는 이들

별점과 리뷰의 사회

이주연

낯선 곳에 가서 식당을 찾을 때 먼저 다녀간 이들의 별점과 리뷰를 확인하는 것이 너무나도 당연한 세상이다. 그들의 평가를 기반으로 여기서 밥을 먹을지, 다른 곳을 더 찾을지를 결정한다.

오늘 우리 집에 택배로 도착한 콩나물도 구매 경험이 있는 선배들의 리뷰를 통해 비교한 후 결제했다. 다음 달에 예정된 여행 숙소도 사람들이 남긴 리뷰를 찾아보며 나의 선택 시간을 줄인다.

한편으로 의문도 생긴다. 작성된 리뷰는 대부분 긍정적 내용이다. 이게 모두 사실일까라는 의심도 해보게 된다. '좋아요와 댓글은 저에게 큰 힘이 됩니다. 고객님의 소중한 리뷰를 기다립니다.'라는 문구에 이끌려 음료수를 서비스로 얻기 위해 리뷰를 작성한 적도 있기 때문이다. 사장님이 보는 앞에서 작성하는 상황도 많고 ID가 노출되기에 어쩐지 좋은 부분만 언급해야 할 것 같은 느낌이다. 그래서인가? 언젠가부터는 별점 낮은 순으로 정렬해서 보는 습관이 생기기도 했다.

주말에 동네 앞 마트에 가는 길, 사람들이 줄 서 있는 식당을 보며 '저렇게까지 줄 설 곳은 아닌데? 왜 별점이 저렇게 높지? 다른 곳이 더 맛있는데'라는 생각도 한다. 사람들의 별점과 리뷰는 저마다 다른 개인의 평가 기준이기에 실제 이용하거나 구매했을 때 내 생각과 같을 수도, 그렇지 않을 수도 있고 누군가에게는 편안함으로 느껴진 부분이 또 다른 누군가에게는 불편함이 되기도 한다.

오늘 내가 만난 고객들은 얼마만큼의 별점과 리뷰를 남겼을까?

청소년들과의 활동은 수요자인 청소년들이 어떤 것을 원하는지 파악해 어떤 목적을 가지고 활동을 제공할지 결정한 후 활동을 진행한다. 활동 전 준비해야 하는 사전 작업이나 실제 활동만큼 중요한 것이 활동에 참여한 이후 청소년들의 의견을 듣고 분석하는 작업이다.

이틀간 진행된 상반기 평가회의. 상반기를 점검하며 하반기를 준비하고 다가올 내년을 준비하는 시간이었다. 우리의 목표를 달성하기 위해 앞만 보며 달려왔던 6개월을 돌아보고 앞으로 남은 시간을 어떻게 꾸려갈 것인지 열띤 토론과 생각을 나누었다. 상반기 동안 만났던 우리의 고객들은 별점(만족도)과 리뷰(고객의 소리)로 그들의 경험과 생각을 남겼다.

별점과 리뷰가 높은 식당이 맛을 100% 보장하지 않고, 만족도가 높은 옷이나 신발도 나에게는 어울리지 않을 수 있다. 만족도와 고객의 소리(VOC) 결과가 우리가 실시한 청소년활동의 모든 것이라고 할 수는 없다. 하지만, 다수가 만족하는 것은 어떤 것이 있었고 소수라 하더라도 주목할 의견이 무엇이 있었는지를 찾아서 긍정적 부분은 유지 또는 향상시키고 부정적 부분은 개선을 위한 기초자료가 된다.

'재미있었다.' vs '재미없었다.'

'밥이 너무 맛있었다.' vs '밥이 맛이 없었다.'

'숙소가 깨끗하다.' vs '숙소가 청결하지 않다.'

'직원이 친절하다.' vs '선생님이 불친절하다.'

'시설이 훌륭하다.' vs '시설이 낡았다.'

'여가 시간이 많아서 좋았다' vs '쉬는 시간이 많아서 할 게 없었다.'

마치 '민초' vs '반민초'를 택해야 하는 밸런스 게임처럼 극과 극을 달리는 고객의 소리. 설문 응답 비율과 사업 시기, 날씨와 성별 및 교급 등을 고려해 분석을 진행했다. 각자가 생각하는 최적의 대안을 찾기 위해 팀을 구성하고 의견을 내며 집단지성을 발휘했다. 이 과정에서 주목했던 것이 있다. 긍정적 칭찬이 대부분인 설문조사 결과에 만족하며 발전 방향을 찾지 못하고 안주하지 않기, 냉철한 비판이나 불편 사항을 너무 좁은 시각으로 바라보지 않기, 소수의 부정적 반응에 너무 매몰되지 않기 등이다. 이는 균형 잡힌 시각으로 바라보려는 노력으로 이어졌고 모두의 생각을 나눔으로써 더 나은 활동을 만들기 위한 좋은 결과물을 도출했다.

평가 회의를 마치고 생각해 본다.

'나는 나를 균형 잡힌 시각으로 바라보고 있을까?' 잘하고 있다는 칭찬과 격려 속에 '이 정도면 됐지'라고 생각하다가도 어떤 날은 아주 조그만 비판에 꽂혀 동력을 상실하기도 한다.

내가 옳은 방향으로 살고 있다고 자부한다고 해도 한 가지는 기억하자. 나도 누군가에게는 개새끼일 수 있다. -드라마 <검색어를 입력하세요 www> 중에서

인생 드라마이자 인생 명대사를 다시 상기시키며 알고 있지만 인정하기 쉽지 않은 나에 대한 타인의 별점과 리뷰에 대해 생각해 본다. '그러든지 말든지'라는 둔감한 태도와 하나하나 신경 쓰는 민감함의 균형을 유연하게 넘나들며 지내다 보면 그 끝엔 나의 성장이 기다리고 있음을 기대하며.

인정하기 그리고 인정받기

이주연

인정:認定:확실히 그렇다고 여김

청소년활동 현장에 있어서 그럴지도 모르겠다. 'ㅇㅈ', 'ㄴㅇㅈ', 'ㅆㅇㅈ'처럼 '인정'이라는 단어를 초성으로 표현하는 것을 빈번하게 접했다. 사전에서 설명하고 있는 것처럼 확실히 그렇다고 여기는 상황일 때보다는 상대의 의견에 대한 공감 여부를 표현하거나 반대로 자신의 의견이나 생각에 대한 상대방의 공감 여부를 확인하는 용도로 가볍게 사용하는 경우가 많아서 '인정'이라는 단어가 주는 무게감에 대해 생각한 적은 많지 않았다.

SNS가 일상이 되어버린 요즘, 관심과 칭찬에 집착하는 욕망의 심리학이라 불리는 '인정 욕구'를 다룬 책들이 많이 소개되고 있다. 인정받고 싶다. 즉, 그만큼 사람들에게 잘 보이고 싶은 것이 인간의 기본적인 욕구라는 것인데, 매슬로우의 욕구 피라미드에서 가장 높은 단계인 자아실현의 욕구 바로 아래 4단계(ESTEEM)로 인정, 존중, 존경 등의 의미이다. 인정을 받음으로써 더욱 노력하는 것처럼 적절한 동기부여나 원동력이 될 수 있지만, 인정을 받기 위해 집착하는 순간 불행의 씨앗이 될 수 있다고 말한다. 이를 타파하기 위해서는 있는 그대로의 나를 받아들이는 연습을 해야 한다고 한다. 인정을 받는 것은 나의 노력 여부나 결과보다는 철저하게 타인의 판단에 의해 결정되는 부분이기 때문이다. 인정을 바라는 사람에게는 타인으로부터의 인정 그 자체가 중요하다는 생각이 든다. 한 분야에서 고수라고 치켜세우는 대단한 말이 아니라 하더라도 인정을 받고 싶은 내면엔 '좋아요' 그 한 단어를 기대하고 기다리는 것이 아닐까 싶다.

이렇듯 인정받고 싶다면 타인을 인정하는 마음도 중요하다. 인정받는 것은 수동태 한 가지이지만 인정하는 것은 두 개의 방향성이 있다. 타인을 향한 인정과 나를 향한 인정이다.

미처 생각하지 못한 부분을 알려주거나 나에게 부족한 부분을 가지고 있는 타인을 보면 *"~ 부분은 정말 대단해요"*라고 표현한다. 결과론적인 행동에 초점이 되는 단순 칭찬도 필요하지만, 과정과 노력에 대한 인정은 누군가의 성장까지 이끌 수 있다.

인정은 칭찬보다는 깊은 표현이다. 타인을 향한 인정이 많아진다고 해서 내가 줄어드는 것은 아니기에 기회가 되면 아낌없이 하려고 노력한다. 또한, 그렇게 이야기해 주는 것이 그리 어렵지 않은 편이다.

이에 반해 자신을 향하는 인정엔 다소 부정적이고 어려운 느낌이 든다. 포털사이트에 '인정'이라는 단어를 검색한 후 뉴스 카테고리를 살펴보면 사회면에서 사용되는 인정이라는 단어는 누군가가 잘못한 부분에 대한 혐의 인정, 좋지 않은 사건에 대한 비판을 받아들인다는 내용의 기사가 많다. 이처럼 나를 향한 인정은 나의 실수나 잘못에 대한 비난이나 비판을 수용하거나 감수하고 더 나아가 이를 진짜라고 스스로 인식하는 과정까지 나아가야 하기 때문이다.

동료 중에 인정이 참 빠른 선생님이 있다. 어떤 실수를 하면 "아 그랬나요? 죄송합니다. 그 부분은 제가 놓쳤습니다."라고 바로 말하고 사과를 한다. 그 선생님께 이런 태도가 정말 멋지다고 이야기해 준 적이 있는데 정작 본인은 이런 것에 대해 크게 의식하지 않는 편이다. 그런 심플함이 참 부럽다.

이에 비해 나는 나의 실수를 잘 용납하지 못하는 편인 데다가 '아니야 내가 잘못한 게 아닐 거야'라며 부정하거나 '그때는 다 이유가 있었어'라며 핑계거리를 찾거나 '그건 다 오해라니까'라며 변명하는 경우가 훨씬 많았다. 있는 그대로의 나를 받아들이는 것보다는 실수나 실패나 잘못을 관대하게 넘겨버림으로써 내 마음을 지켜내기 위한 방어기제가 발동하는 것이다.

나를 향한 인정은 결국 '용기'다. 혹시 내가 부족한 점이 있더라도 다른 이의 입을 통해 듣게 되었을 때 그것을 받아들일 수 있는 용기, 나의 내면 깊은 곳에 있는 진짜 '나'를 발견하려고 시도해 보는 용기, 마지막으로 그 생각과 말을 밖으로 표현하거나 드러낼 수 있는 용기 말이다.

"여기까지는 제가 미처 생각하지 못했습니다." (나에 대한 인정)

"이런 부분까지 놓치지 않고 볼 수 있는 통찰력을 저도 닮고 싶습니다." (타인에 대한 인정)

목 안에서만 맴돌던 말이 있다면 입술의 근육을 빌려 말해보도록 노력해 보리라 다짐한다. 이런 진솔한 태도로 인정하다 보면 사람들이 인정하지 않을까?

'아 저 사람은 진짜 인정이야.'

3의 법칙

이주연

지역 내 학교로 찾아가는 활동을 진행했다. 나를 포함해 3명의 지도자가 한 명은 진행, 한 명은 음향, 한 명은 보조로 프로그램을 운영했다. 그야말로 삼박자의 합이 잘 맞아서 즐겁게 활동했다. 마치 완벽한 삼총사 같은 느낌이었달까? 이처럼 마음이 잘 맞는 사람들과 함께할 때의 그 짜릿함은 이루 말할 수가 없다. 활동을 마치고 잠시 평가 회의를 통해 삼총사 같았다는 이야기를 나누었고 부족한 듯하면서 완벽한 것 같은 숫자 '3'에 대해서 생각해 보았다.

삼 남매로 자라온 나는 결혼하면 세 명의 자녀를 낳아 키우는 것이 가장 이상적이라는 생각을 했었다. 우리들은 참 행복하게 자랐고 지금도 서로에게 응원과 지지를 보내주는 사이다. '어떻게 남매끼리 다정할 수 있나'라는 측면에서 보면 유니콘 같은 남매다. 다른 집 삼 남매도 이처럼 행복할 것이라는 막연한 생각도 있었지만 지금 돌이켜보면 '3'이라는 숫자가 주는 안정감이 자라온 삶 속에 자연스레 느껴졌기 때문이다.

모태신앙이라 삼위일체(성부와 성자와 성령)라는 단어를 많이 듣고 자랐다. 하늘과 땅과 사람을 의미하는 '천지인'도 세 개로 만물을 구성하는 요소를 표현한다. 마음먹은 것이 삼일을 채 가지 못한다는 작심삼일이라는 표현도 자주 쓴다. 스포츠 경기 출발선에서도 셋을 센다. Three, Two, One! 아이가 어렸을 때, 떼를 쓰고 울면 이렇게 말했다. '셋 셀 때까지 뚝 그쳐! 하나, 둘 셋!' 아이돌 그룹 TWS(투어스)가 부른 '첫 만남은 계획대로 되지 않아'라는 노래 가사에도 '셋, 둘, 하나!'라고 세는 가사가 있다. 우리도 모르는 사이 3이라는 숫자가 우리의 대화 속, 그리고 일상생활 곳곳에서 아주 친밀하게 사용되고 있다.

숫자 '3'이 주는 안정성에 대해 들은 것은 꽤 오래전이다. 세 개의 측면이 서로를 지지하기 때문에 변형이 가장 적은 도형이라고 말이다. 피라미드, 에펠탑, 루브르박물관 등 삼각형의 구조물로 지어진 것도 그런 이유겠다고 생각했다. 그러고 보니 삼각형의 밑변이 꽤 튼튼해 보이기도 하다. 영상 제작 캠프 운영을 위해 구매한 삼각대도 지지하는 다리가 세 개이기에 안정적이라는 걸 다시 떠올리게 된다. **'3'은 안정이다.**

승부를 결정 내기 위해서 가위바위보를 할 때 '삼세판이야!'라고 말한다. 우리나라 재판도 3심까지 있고 면접 심사위원도 보통 세 명이다. 세 명은 있어야 의견이 중재되고 안정성이 느껴진다는 내용이다. 그래서 여행을 갈 때도 둘이 가는 것보다는 셋이 가는 것이 더 낫다고 말한다. 둘의 의견이 다르더라도 나머지 한 명이 이를 조율할 수 있기 때문이다. **'3'은 조율이다.**

지휘법을 배웠던 초등학교 음악 시간, 삼각형을 그리는 사 분의 삼박자 지휘가 꼭짓점에 딱 맞아떨어졌을 때 기분 좋았던 경험이 있다. '삼박자를 갖췄다'라는 표현은 일종의 완벽함을 의미하는 것으로 사용된다. '지, 덕, 체를 고루 갖춘 인재'라는 표현이나 양 많고 가격도 저렴하고 맛도 있는 삼박자가 뛰어난 음식'이라던가 '연비, 디자인, 가격의 삼박자를 이룬 자동차'라는 광고에서도 살펴볼 수 있듯이 말이다. **'3'은 완벽이다.**

3의 법칙이란 '세 사람이 모이면 집단이 형성되어 그 집단의 주장에 힘이 실림을 나타내는 현상'을 말한다. 길을 가다가 하늘을 쳐다보는 실험을 했는데 한 명이나 두 명이 쳐다볼 때는 큰 호기심을 보이지 않다가 세 명이 하늘을 쳐다보자 지나가던 사람들이 모두 멈춰 서서 하늘을 쳐다보는 내용이다. 세 명은 세상을 변화시키는 힘이 있다는 것을 보여주는 실험이었다.
'3'은 설득이다.

안정과 조율을 넘어 완벽과 설득을 뜻하는 숫자 '3'. 사람을 지칭하는 대명사인 나와 너 그리고 우리라는 단어에 대입해 보니 1은 나, 2는 너, '3'은 우리를 뜻하게 된다. "제가 할게요"보다는 "둘이 같이 하자." 그보다는 "우리 함께 해요"라는 말이 따뜻하게 느껴지는 이유였을까. 하나보다는 둘, 둘보다는 셋일 때 느낄 수 있는 편안함과 안정성을 떠올리며 누군가의 생각에 공감하고 누군가의 용기에 동행하는 세 명 중 한 사람이 되어보자며 다짐한다.

적당한 결핍은 필요한가?

이주연

"사랑을 많이 받고 자란 사람 같다", "인상이 참 좋다".
어린 시절부터 지금까지 자주 들었던 기분 좋은 칭찬이다.
자라면서 부모님은 잘한다는 칭찬을 많이 하셨다.

운이 좋게도 목표하던 일들을 대부분 이루며 살았으며 때문에 실패의 경험은 적다. 이런 나의 큰 단점 중 하나는 누군가가 나에게 하는 부정적인 말을 수용하는 데 매우 취약하다는 것이다.

작은 성취가 모이면 '나는 무엇이든 할 수 있어. 뭐든 다 잘 될 거야.'라는 긍정적 자기개념이 생긴다. 이는 고난이 닥쳐도 이겨낼 수 있는 힘을 갖게 해준다. 다만, 성취의 경험만 계속된다면 작은 실패를 이겨내는 데는 더 큰 힘이 필요하다.

어린 시절엔 자녀에게 칭찬할 거리가 넘쳐난다. 잠을 잘 자도, 기어다녀도, 가만히 앉아만 있어도 잘한다는 칭찬을 한다. 하물며, 밥상을 엎어도 잘 크고 있다는 칭찬을 들을 정도이니 말이다. 이런 아이에게 자아가 생기기 시작하며 칭찬보다는 '안돼!', '하지 마!', '위험해!'라는 말을 더 많이 하는 시기가 찾아온다. 혼내고 화도 내고 짜증도 내는 모습을 보며 자괴감에 빠지기도 한다. 아이에게 이래도 되는지 생각을 곱씹어 보며 매일 밤을 후회하기도 한다. 그러면서 생각한다.

'칭찬을 더 많이 해줬어야 하는데 오늘도 잘못한 것에 대한 부분만 지적하고 말았네.'

다시 생각해 보면 잘못한 것을 잘못했다고 이야기해 줘야 하는 건 당연하다. 그래야 위험한 행동은 하면 안 된다는 것을 깨달을 수 있으며 이런 배움이 성장의 밑거름이 되기 때문이다. 물론, 잘못한 부분을 알려준다는 핑계로 감정 폭력을 행사하는 것은 조심해야 한다.

그래도 자녀에게는 그것을 상쇄시키는 사랑을 주는 날이 더 많기에 아이들은 안다. 나를 혼내는 게 나를 미워하거나 사랑하지 않는 게 아니라는 것을 말이다. 모든 일을 다 해주기보다 해도 되는 것과 그렇지 않은 것을 구분해서 스스로 할 수 있도록 알려주어야 한다. 하고 싶은 게 있어도 모두 다 내 마음대로 할 수 없고, 하고 싶지 않은 일도 해야 할 때가 있다는 걸 알아야 한다. 슬프고 힘들어도 인내하는 법을 배워야 한다. 또, 그렇기에 마음이 아프더라도 알려주어야 한다.

요즘 직장 생활 중에 하게 되는 큰 고민 중의 하나가 이 지점이다. 사랑이 기본값인 가족과는 다르게 사회에서 만나는 이들과 어떤 수준의 신뢰가 쌓여있는지에 따라 내가 하는 지적은 훌륭한 피드백이 될 수도 있고 나를 비난하는 험담이 될 수도 있기에 어떤 이야기를 어떤 방식으로 풀어내야 할지 고민이 깊다. 특히, 청소년과 만나는 이 직업을 택하는 사람들은 청소년 시절에 청소년운영위원회나 청소년 동아리 활동 등을 통해서 자기

주도적으로 무언가를 해냈던 경험이 많고 늘 자신을 지지하고 응원해 주는 청소년지도자와 밀접한 관계를 유지했던 경우가 많다. 따라서 다른 사람들로부터 "잘 해내지 못했다. 틀렸다. 실수다. 이 부분은 놓쳤다. 그렇게 하면 안 된다."라는 지적을 받은 경험이 매우 적기에 이러한 부정적인 피드백을 견뎌내는 힘이 상대적으로 부족하다고 느껴지기도 한다.

이는 나의 경험담이기도 하다. '나에게는 관대하고 남에게는 막 대하고'라는 노래 가사와는 정반대다. 남의 실수엔 매우 관대하지만, 나의 실수는 용서하기 어려운 상황이 더 많다. 본격적으로 사회생활을 시작하면서부터는 자그마한 나의 실수를 스스로 용서할 수 없는 지경에 이르기도 했다. 누가 나를 지적하지 않아도 내가 느끼는 부족함이 더 크게 다가오는데 하물며 내가 이미 알고 있는 나의 실수를 타인의 입으로 듣기라도 하는 날엔 어디 가서 숨고 싶은 지경이다.

부족함 없이 자라는 것은 매우 긍정적인 경험이고 실수나 실패 없이도 이겨내는 힘을 기를 수 있다. 하지만 성공과 성취만이 가득한 밝은 미래만 있는 것이 인생은 아니기에 듣고 싶지 않은 이야기와 하고 싶지 않았던 경험은 언젠가 닥쳐올 고난을 이겨내고 나에게 주어진 환경을 잘 헤쳐 나가는 힘이 되기도 한다. 그래서 나에게 시련이 올 때마다 생각한다. 이를 통해 나는 어떤 것을 배울 수 있는가. 나에게 오는 이 화살을 어떻게 받아들일 것인가. 이 지점에서 나는 어떤 생각과 행동을 취하는지 돌이켜본다. 이 경험을 통해 새로운 도약과 성장을 이룰 수 있다는 것을 깨닫는다. 또 한 번 생각한다. 언젠가 불가피하게 누군가를 지적해야 하는 상황에 놓인다면 내가 시련을 대하는 이 마음을 당신도 가지고 있으리라 기대하며 나의 이야기는 당신의 성장을 돕기 위함이라는 것을 그도 알아줄 것이라고 믿어보기로 말이다.

'334새글모'와 함께한 100일, 이후 북토크까지

김영희

예전엔 아침 운동을 하느라 새벽 5시에 일어나 수영장으로 향했다. 이렇게 새벽을 일찍 시작하면, 뭔지 모를 뿌듯함이 있고 하루를 매우 알차게 보내는 느낌이 있었다. 하지만 코로나로 인해 수영을 쉬게 되면서 아침 운동은 끊어졌고, 요즘은 언제 그랬던 적이 있었냐는 듯이 7시가 되어도 일어나기 싫어 이불에서 뒹굴거리다 겨우 지각만 면하는 모양새다.

'이래서는 안 되겠다'라고 생각한 시점에 청글넷의 새글모(새벽 글쓰기 모임)를 만나게 됐다. '334프로젝트 새글모'는 30일, 30일, 40일 이렇게 세 번으로 나누어 100일간 진행되는 새벽 글쓰기 모임이다.

새글모를 시작한 후 나의 새벽 루틴은 5시 20분 알람 소리를 듣고 일어나 핸드폰으로 새글모 줌에 접속한다. 아직 눈을 뜬 상태는 아니다. 운영자는 자발적으로 일주일씩 돌아가면서 맡는다. 5시 30분이 되면 이번 주의 운영자가 새글모의 시작을 알리며, 유튜브로 아침 운동 영상을 연결한다. 나는 이 아침 운동 소리에 맞춰 눈은 반쯤 감은 채 운동을 시작한다. 운영자에 따라 아침 운동 스타일이 다 다르다. 그중에서도 나는 누워서 하는 아침 운동이 가장 좋다. 누워서 스트레칭을 하다 보면 자연스럽게 잠도 깨고, 일어나게 된다. 하지만, 대부분 앉아서 하는 운동이 가장 많다. 그래도 좋다. 10분 내외의 간단한 스트레칭이지만 잠을 깨우기엔 충분하다.

이후 운영자가 *"그럼, 좋은 시간 보내시고, 6시 50분에 만나요."*라고 하면, 참가자들은 각자 글을 쓰거나, 책을 읽거나, 운동을 하는 등 자신이 원하는 방식으로 시간을 보낸다. 6시 50분이 되면 다시 운영자가 *"그럼, 오늘 엔딩 요정을 맡아주실 분은 000님입니다."* 하고 소개를 해 준다. 엔딩 요정이 오늘 나누고 싶은 이야기-책 내용, 자신이 쓴 글, 영상, 영화 등-를 들려주고, 서로의 소감을 나누면 총 90분의 활동이 마무리된다. 마지막 엔딩은 잔잔한 감동과 생각거리를 준다. *'아, 이런 관점도 있구나, 나는 미처 생각지도 못한 이런 부분이 있네. 혹은 나와 비슷하네.'* 등. 나도 3번 정도 엔딩 요정을 했다. '그냥 편안하게 이야기를 나눠야지' 했는데 생각보다 떨리고 긴장됐다. 그래도 모두 응원과 공감을 해 주셔서 할 때마다 힘이 났다.

3월에 시작한 새글모는 7월에 마무리 됐다. 그동안 새벽 5시 30분에 시작된 새글모에서 내 모습은 늘 가관이었다. 겨우 눈을 떠서는 폭탄 머리에 세수도 못 한 부스스한 얼굴을 다듬을 틈도 없이 줌에 접속했다. 처음엔 몹시 부끄러웠지만 시간이 지나면서 차츰 익숙해졌고, 눈곱 낀 얼굴도 개의치 않고 보여줄 수 있게 됐다. 전국 아니 전 세계 각지에서 모인 이 모임은 차츰 우리를 자연스럽고 느슨하게 연결해 주었으며, 새벽을 함께 보내고 있다는 것만으로도 든든한 동지가 있음을 느끼게 해 주었다. 공식적인 100일의 새글모는 끝났지만, 아직도 우리의 줌은 닫히지 않았다. 누군가는 다른 벗들이 없어도 그 시간 그 공간을 연결해 묵묵히 이어주는 사람이 있으며, 가끔 시간이 되고, 생각이 닿는 사람은 누구든 그 방을 접속해 함께 하고 있다.

　이렇게 아직도 진행 중인 새글모가 8월 17일 오프라인으로 모일 수 있는 멋진 이벤트가 열렸다. '독일교육, 성숙한 시민을 기르다'라는 제목으로 진로 북 토크가 안성에서 진행됐다. 특히 이번 북 토크의 주인공은 새글모의 운영자 중 한 분으로 독일에 거주 중인 앤 님인데, 앤 님의 한국 방문으로 성사가 됐다. 한 달 전부터 카톡방, 홈페이지, 블로그, 페이스북 등에서 알림이 왔고, 나 또한 꼭 참석하고 싶어서 신청해 두었다. 드디어, 그날이 왔다. 비록 온라인에서만 만났었지만 새벽마다 만났던 이들을 실제로 만난다고 생각하니 뭔지 모르게 가슴이 두근거리고 설렌다. '만나면 어떻게 인사하지? 나를 알아보기는 할까? 나는 그들을 잘 알아볼 수 있을까?' 등의 생각을 하며 안성으로 갔다. 하지만 이런 걱정은 그냥 아무것도 아니었다. 북토크를 준비 중인 벅지 님과 앤 님, 또 범쌤 님과 하루 님이 와 있었는데, 얼굴을 보자마자 우리는 오랜 친구를 만난 것처럼 반가웠고, 서로를 따뜻하게 안아 주었다. 온라인에서 이어진 느슨한 연대도 이렇게 강할 수 있다는 것을 처음 느꼈다.

　북토크가 시작됐다. 앤 님은 독일 공교육의 구조와 독일 교실의 모습을 상세히 알려 주었다. '무엇이든 질문해라. 멍청한 질문은 없다. 무 사유에서 사유하기, 다양한 생각 존중하기, 획일화된 생각 거부하기' 등등. 특히 세계 전쟁을 두 번이나 일으킨 전범 국가인 독일은 교육에서만큼은 아직도 스스로에 대해 철저히 검열하고, 히틀러에 대해 비판하는 등 질문하기, 사유하기, 존중하기, 다양성 인정하기 등을 중시하고 있었다. 이는 잘못한 역사를 절대 잊지 않으려는 노력이었으며, 독일인들의 시민성은 어쩌면 여기서부터 시작되고 있는 것이 아닐까 하는 생각이 들었다. 2시간의 짧은 북토크였지만, 많은 이들의 질문과 응답, 그리고 독일교육과 우리 교육에 대해 생각하는 시간이었다.

　이번 북토크엔 앤 님의 두 딸도 함께 참석했다. 두 딸은 엄마를 위해 응원의 노래도 불러주고, 또 청소년들이 생각하는 독일의 교육에 대해 자신들의 생각도 들려주었다. 두 딸은 이민자로서의 차별과 정체성에 대한 고민도 많았다고 했지만, 잘 성장한 모습을 보면서, 앤 님 역시 독일에서 얼마나 최선을 다하며 노력했는지 느낄 수 있었다. 의미 있고 행복한 시간이었다.

　서로 이름도 사는 곳도 구체적으로 어떤 일을 하는지도 잘 모르는 느슨한 연대였지만, 그 어떤 것을 아는 것보다 진솔하며 찐한 교감을 할 수 있는 시간이었다. 이렇게 멋진 사람들과 100일의 새벽 시간을 함께했었구나. 이런 시간을 나눌 수 있었던 나는 참 행복하고 운이 좋은 사람이었구나. 또 내 것을 아낌없이 내주며, 100일의 새글모가 잘 운영될 수 있도록 운영자로 애써준 벅지 님, 범쌤 님, 하루 님, 앤 님, 울림 님께 다시 한 번 감사의 마음을 전하고 싶다. 그래, 저절로 잘 되는 것은 없다. 눈에 보이지는 않지만 항상 애써주시고 신경 써 주신 이분들이 있어 우리의 100일은 잘 마칠 수 있었고, 이런 값진 관계와 연대를 선물 받았다고 생각하니 그저 감사할 따름이다.

"지난 100일도, 북토크도, 귀한 저녁 식사도, 멋진 차도 너무너무 행복한 시간이었습니다. 이를 어찌 다 갚아야 할까요. 저도 기회가 되면 저의 시간과 노력을 다른 사람들과 함께 나누어 볼게요. 너무 감사합니다. 또 봬요."

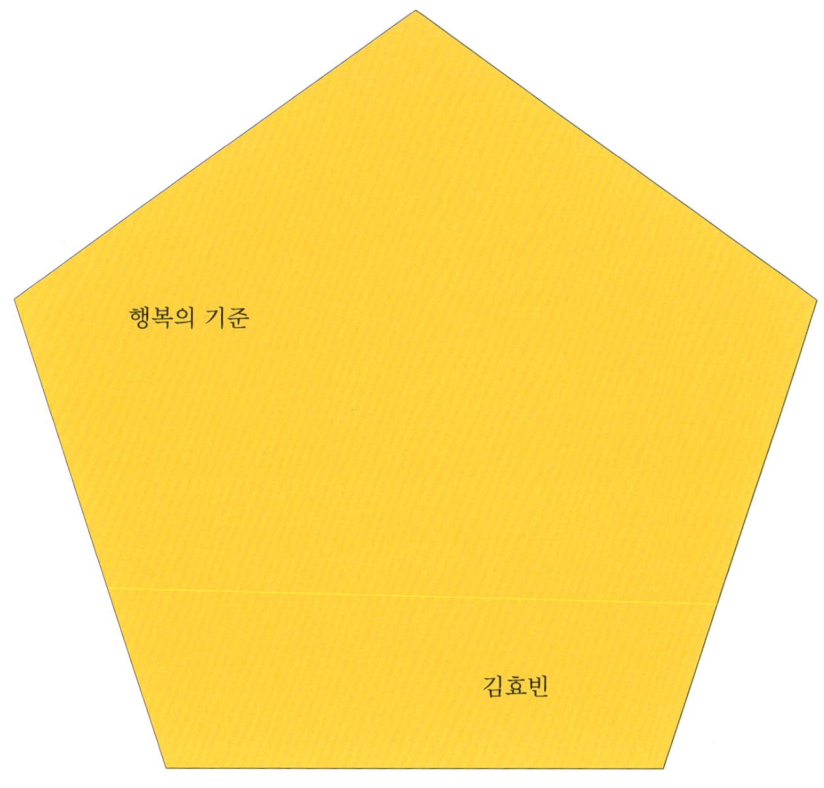

사람마다 행복의 기준은 다르다. 누군가는 커피 한 잔에 행복을 느끼기도, 누군가는 타인을 도와주는 것에 행복을 느낀다. 내가 행복을 느낄 때가 언제냐고 묻는다면. '타인을 도와주고 그 도움으로 인해 타인이 행복해 할 때 비로소 나도 행복하다'라고 답할 수 있겠다.

그 말은 타인의 행복을 위해 나를 맞춰간다는 이야기도 될 수 있다는 것이다. 그래서 그랬는지 나는 타인의 눈치를 많이 보는 스타일이었고, 내가 우선이 되는 것이 아니라 상대방이 우선이었다. 그들이 행복해야 나도 행복하니까. 그러나 사람이 항상 행복할 순 없지 않은가. 상대방이 조금이라도 지친 모습을 보인다면 나는 이렇게 생각했다. '내가 어떤 행동을 잘못해서 상대방이 기분이 나쁜 건가? 그렇다면 내가 어떻게 해야 저 사람의 기분이 좋아지지?' 그 질문의 해답을 찾기 위해 며칠 밤을 지새우며 끊임없이 생각했다. 그러다보니 이러한 생각들이 나를 조금씩 갉아먹기 시작했다.

나의 관계는 온전하지 못하다. 왜냐하면 주변 인연들에게 좋은 모습을 보여주어야 한다는 강박이 있기 때문이다. 상대방에게 좋은 모습을 보이지 않고 우울한 모습을 보인다면, 그러니까 나의 깊은 내면을 보여준다면, 모두가 나를 '정신병자'라고 칭하며 손가락질 할 것 같았다. 내가 세상을 살면서 가장 두려웠던 것은 사회에서 고립되는 것이었기에, 고립되지 않기 위해 스스로를 몰아세웠다. 그렇게 스스로가 끝없는 후회의 늪에 빠졌다는 것을 알면서도 빠져나올 수 없었다. 청소년상담복지센터에서 상담을 받으면서 상담 선생님께서 나에게 물어보셨다. 왜 감정을 숨기느냐고. 나는 대답했다. "저는 상대방이 감정 쓰레기통이 되는 일을 원하지 않아요. 이런 부정적인 감정은 드러내봤자 서로 좋을 게 없지 않나요? 그래서 결국은 저의 좋은 모습만을 보여줘야 한다고 생각해요."라며. 위 내용으로 정신건강의학과에 가서 상담을 받으니 정신건강의학과 선생님께선 이렇게 말씀하셨다. "관계에 있어서 여유를 두면 좋겠네요." 그랬다. 나도 모르게 감정을 숨기는 것은 습관이 되고 강박이 되었던 것이다.

강박을 깨게 된 계기는 정말 갑자기 찾아왔다. 여느 때처럼 고산청소년센터에 방문해서 곰쌤과 청소년운영위원회 관련해서 이야기를 나누고 있었을 때, 나의 머릿속엔 불안이 가득 차있었다. 청소년운영위원회와 관련된 불안이기도 했지만, 개인적인 일이 생겨 더욱 더 불안했었다. 곰쌤의 말을 자꾸 놓쳤다. "어떤 말이었죠?"를 계속 되물었다. 곰쌤은 그런 나를 보시더니 "요즘 힘든 일 있어?", "청운위로 너무 부담을 가지지 않았으면 좋겠어."라고 말씀해주셨다. "무슨 일이니?"라고 묻는 곰쌤의 말에 나는 한참을 망설였다. '내가 이 말을 내뱉었을 때 곰쌤은 나를 이상한 사람으로 취급하지 않을까?'라는 생각과, '그럼에도 곰쌤이라면 나의 어두운 면까지 이해해줄 수 있는 사람이 아닐까?'라는 생각이 동시에 들었기 때문이었으리라.

나는 조그맣게 솔직한 마음을 내뱉었다. "청운위…. 청운위라도 안하면 제가 죽어버릴 것만 같아서, 그래서 하는 거예요." "이 활동을 할 때만큼은 너무나 행복하고 좋아요. 그래서 하는 거예요." 그러곤 눈물을 흘렸다. 곰쌤은 멈칫하시곤 말하셨다. "그래, 그러면 된 거야. 잘하고 있네." "선생님은 상담을 배워 본적이 없지만 너의 이야기를 들어줄 순 있어." 그 말에 안도감이 든 나는 참았던 눈물을 쏟아냈다. 나란 사람도 괜찮다는 걸 곰쌤이 말해주고 계시는 것만 같아서. 나는 이상한 사람이 아니라는 걸 온몸으로 말해주시는 것 같아서. 고요하지만 큰 파동이 내 몸을 스쳐지나갔다. 그 울림은 내 마음에 퍼져나가 더 큰 세상으로 퍼져나갔다.

그 뒤로 강박을 내려놓기 위해 내 스스로도 많이 노력했다. 내 감정을 솔직하게 말해도 괜찮다는 것을 깨달았다. 혼자서 토라져있기보단 상대방에게 내 감정을 말하기 시작했다. "이런 점에서 저는 속상했어요. 그래서 거리 두는 행동을 했는데, 선생님께 죄송했어요. 그래서 사과드리고 싶어요."와 같은 표현 말이다. 처음엔 굉장히 어색하고 '이렇게 말해서 상대방이 상처받지 않을까?'라는 불안감이 있었지만 이내 그 생각은 깨지고 서로를 더 잘 알아가는 시간이 됐다. 그렇게 관계를 쌓아나갔다. 나의 진실된 모습을 들키게 된다면 주변 사람들이 떠날까 두려웠는데, 오히려 그들은 이렇게 말해주었다. "힘들어도 애써 웃는 모습이 보였는데 이렇게 말해주니 좋네." 그래, 그들은 이미 알고 있었던 것이다. 단지 내가 말해줄 때까지 기다려준 것일 뿐이다. 그 사실을 알고 나서 나는 진정한 행복을 찾았다고 생각한다.

믿음, 믿음이 나에겐 가장 큰 행복이었음을. 믿음이 나의 행복의 기준이었음을 깨달았다. 행복은 저 멀리 있는 것이 아니다. 우리 곁에 있지만, 우리가 행복을 받아들일 준비가 되어야 비로소 행복해지는 것이다. 나는 지금 행복하다. 나를 믿어주는 사람들이 있고 그 속에서 나만의 향기를 품고 나아갈 수 있으니까. 행복을 받아들일 준비를 끝마친 나는 오늘도 행복한 하루를 보내고 있다.

예민해도 괜찮아

김효빈

나는 다른 사람들에 비해 기질적으로 예민한 편이다. 좋게 말하면 감수성이 풍부한 편이다. 그래서 그런지 내 나름대로 힘든 시기를 지냈다. 상대방이 아무 의미 없이 말한 한마디에 상처받아서 하루 종일 삐져있기도 했고, 하루 종일 울기도 했으며, 인간관계를 만들지 않겠다며 나 홀로 지낸 적도 많다.

별똥별이 떨어지면 소원을 들어준다는 말이 있다. 만약 내 앞에 별똥별이 떨어졌고 그것을 내가 봤다면 나는 이렇게 소원을 빌었을 것이다. '나를 온전하게 이해해줄 사람 한 명만 내 곁에 있게 해주세요.'라고 말이다. 세상은 참 야속해서 나라는 사람을 온전하게 이해해 줄 사람이 단 한 명도 없었다. 왜냐고? 나랑 똑같은 사람은 이 세상에 없기 때문에 나를 온전히 완전히 이해해 줄 사람 또한 없었던 것이다.

정말 야속했던 세상을 나는 많이 원망했다. '사람들은 생각보다 둔해서 나의 아픔을 잘 알아주지 못한다'고, '왜 이런 시련들을 나에게 안겨 주냐'며 누군지도 모를 하늘에 나의 원망을 쏟아냈다. 그렇게 했었음에도 달라지는 건 없었다. 답답한 건 내 마음뿐이었다. 내가 스스로를 위로해줄 수밖에 없었음에도 불구하고, 나는 나를 공격하기 일쑤였다. 다른 이들이 나에게 뭐라 하지 않아도, 내가 나에게 많이 채찍질을 했다. '나는 왜 이 모양인가, 이걸 이렇게 하면 안 되는 건데 왜 이랬을까.' 이런 나를 보신 청소년운영위원회 담당 곰 선생님께선 나에게 말씀하셨다. "효빈이는 효빈이 스스로의 기준이 너무 높은 것 같아." 맞는 말이다. 나는 내 스스로의 기준이 매우 높다. 마감기한이 정해지지 않은 일이 있어도 내 스스로 마감기한을 설정해서 그 마감기한을 지키기 위해 자신을 채찍질한다. 스스로의 기준이 높은 이유는, 이래야 불안하지 않기 때문이었다. 계획을 해두어야 불안하지 않았다. 삶의 목표를 매번 정해두고 그 목표를 실현시키기 위해 달려 나갔다. 항상 그래왔다. 항상 그렇게 달려왔기에 멈추는 법을 몰랐을지도 모른다. 가장 가까웠던 고등학교 기술 선생님께선 나에게 이런 말을 하시기도 했다. "효빈아, 자가 면역 질환이라고 아니? 내 몸 안의 세포가 나를 공격하는 병, 효빈이의 마음의 병이 자가 면역질환 같아…. 스스로 너를 너무 아프게 하고 있어."라고. 그 말을 듣고 나는 스스로에 대해 다시 생각을 해보게 됐다.

'나는 왜 스스로를 공격하고 있는 거지? 왜 나는 아직까지도 나를 이해해줄 수 있는 사람을 원하지? 나조차도 나를 다 모르잖아.'라면서 말이다. 나는 우선 나의 종합심리검사 결과지를 찾아서 보기 시작했다. 결과지엔 이렇게 적혀있었다. '기질적으로 피검자는 사소한 자극에도 감정적인 반응이 큰 것으로 나타났음. 특히, 주변 반응에 매우 민감하게 반응하고 있어 평가나 비난에 예민하며 이에 따른 감정 기복이 상당함. 그러나 이를 억누르고 겉으로 드러내지 않고자 애를 쓰고 있겠음. 따라서 심리적으로 소진되기 쉽겠음.' 아하, 나는 기질적으로 예민한 사람이었구나. 그래서 다른 사람들의 말 한마디 속에 담겨있는 의미를 찾게 되고 다른 사람들의 표정변화에 *"기분 안 좋은 일 있으셨어요?"* 라고 물어볼 수 있었구나. 그러고선 나는 깨달았다. 다른 사람과의 관계 유지를 위해 내 스스로 에너지를 너무 쏟아 붓고 있었다고. 스스로 깨달았다. 나는 다른 이들의 기분을 살피면서 '저 친구가 무슨 일이 있나?', '어떻게 도와주어야 하지?'라는 생각을 하기 일쑤였는데, 그 생각을 순간순간 만난 모든 사람에게 하고 있었으니, 소진될 수밖에 없는 상황이었다.

그리고 나는 칭찬을 있는 그대로 받아들이지 못했다. 청소년운영위원회로 활동했었을 당시에도 청운위 담당 선생님이셨던 곰쌤께선 나에게 *"그래도 네가 있어서 다행이다"* 라고 말하신 적이 있었다. 이전에도 곰쌤은 "효빈이가 있어 든든해!"와 같은 말을 해주셨는데, 그게 꽤나 나에게는 부담스러웠다. 곰쌤의 기대에 만족할 만한 결과물을 내야만 할 것 같아 부담스러웠다. 그래서 곰쌤께서 *"그래도 네가 있어서 다행이다"* 라고 말씀해주셨을 때 나는 솔직하게 이야기했다.

"쌤, 솔직히 그 말이 너무 부담스러워요."

"왜? 기대에 부응해야만 할 것 같아서?"

"네…."

"전혀 그런 의도로 이야기 한건 아니었어. 고맙다는 의미였어."

곰쌤은 자세를 고쳐 앉으시며 이어서 이야기하셨다. "사람이 어떤 활동을 하면서 한계가 존재한다고 생각해. 누군가는 10만큼을 할 수도 있고 누군가는 1000만큼을 할 수도 있지. 그런데 그 안에서도 10만큼을 하던 사람일지라도 쭉 10만큼을 하지는 않아. 어떤 시기엔 5를 하기도 하고 어떨 때는 15 정도를 하기도 해. 그런데 10만큼을 계속 쭉 하려고 하면 너무 빨리 소진되어버려. 너무 잘하려고 하지 않아도 괜찮아. 자기 역량을 넘어서서 활동하는 거는 정말 힘든 일이고 소진되는 일이니까. 어떨 땐 5를 하고 어떨 땐 15를 해도 괜찮은 거야." 나의 마음을 울리는 말이었다. 단 한 번도 곰쌤처럼 생각해본 적이 없었다. 나는 지금까지 해온 모든 활동들에서 열심히 했지만, 무엇인가 갈증을 느꼈다. 그 갈증도 나의 예민함이 만들어 낸 결과물이라고 생각한다. 사소한 부분에서도 완벽을 바라던 나는 스스로 만족하지 못한 채로 활동을 지속해나갔고 내 스스로 마음에 들지 않는 결과물을 주변에서 좋다고, 정말 잘했다고 이야기해주시니 그 칭찬을 곧이곧대로 받아 들일리가 없었던 것이다.

그날 이후 나는 스스로의 기대치를 낮추기로 했다. '완벽하지 않아도 괜찮아. 모든 걸 완벽하게 할 수는 없어. 내가 할 수 있는 최대를 하되 소진될 정도로 하지는 말자'고 다짐했다. 그 뒤로 나는 예민한 성격의 장점을 최대한 발휘하면서, 소진되지 않기 위한 자기관리를 꾸준히 하고 있다. 속앓이를 하지 않기 위해 청소년센터에서 노래방을 대여해 음이 높은 노래를 부르며 스트레스를 풀고, 글을 쓰면서 내가 어떤 일로 속상했는지, 왜 속상한 마음이 들었는지 되짚기 시작했다. 그러고선 상대방의 성격도 다시 한 번 되짚어본다. 이 사람이 정말 나에게 상처주기 위해 이런 말을 했을까? 라고 묻는다면 답은 항상 '아니오'였기에 그렇게 스스로에게 계속 질문하고 대답을 해가면서 나에 대해 더 잘 알아가기 시작했다. 타인에게 예민했던 나는 스스로에게 예민해지기로, 그렇게 다짐했다.

나처럼 예민한 당신에게. 우리, 예민해도 괜찮아요. 예민하기에 다른 이들의 사소한 점까지 챙겨줄 수 있는 사람이 바로 당신이니까요. 그러니, 우리 같이 예민하게 살아요. 우리, 이렇게 서로 이야기 나누며 허심탄회하게 살아요. 힘이 들 때면, 너무 힘이 들 때면 그때 우리 이렇게 글로 만나서 이야기 나누어요. 속앓이 하던 이야기 훌훌 다 털어놓고 또다시 내일을 맞이합시다.

예민해도 괜찮아.

죽음이 아닌 삶이 나의 목표

김효빈

나 혼자 아픈 것만으로도 족하다고 생각하던 때가 있다. 내가 아픈 건 괜찮으면서 다른 사람 다른 친구들이 아파하는 것만은 볼 수가 없었다. 나는 나를 홀대했지만 다른 이들은 아꼈다. 우선순위가 무엇인가 잘못된 것임을 깨닫게 된 계기는 어느 한 선생님의 말씀을 들었을 때였다.

정신적으로 힘들었던 적이 있다. 물론 지금도 공황장애를 앓고 있고 가끔 우울해지기도 하지만, 그때는 꽤나 심했다. 하루하루 죽음을 목표로 살아가던 때였다. 정말 아이러니하지 않은가? 죽음을 목표로 살아간다는 말이. 그땐 죽음에 의존해 살아갔다. 언제든 죽을 수 있으니, 그러니 너무 고통스러우면 죽어버리자고 생각했다. 주변사람들의 걱정 또한 보이지 않았다. 내 자신이 너무 힘들었기 때문이었을까. 그러면서도 사람들이 내가 힘든 걸 알아주었으면 하는 마음도 있었다. 정말 지금의 나조차도 이해할 수 없는 감정이지만, 우울증이 심했던 그때의 나는 그러했다. 누군가는 우울증을 의지의 문제라고 이겨낼 수 있을 거라며 이야기하지만, 자신의 의지만으로는 어쩔 수 없는 이 감정에 우울증이라는 병명이 붙는 것임을 적어도 이 글을 읽는 이들만큼은 알았으면 좋겠다.

어느 날은 담임 선생님도 아니고 교과 선생님도 아닌, 정말 우연찮게 만나고 이야기를 나누었던 선생님께 글을 썼다.(이 선생님을 다람쥐 선생님이라고 하겠다.) 다람쥐 선생님은 경기 꿈의 대학 수업을 들었을 때 만났던 선생님이었다. 글을 썼던 그때의 마음은, 다람쥐 선생님께서 나의 힘듦을 알아주었으면 하는 마음에 썼다. 다람쥐 선생님께 디엠을 보낸 지 몇 분 만에, 다람쥐 선생님께선 학교에서 잠깐 만나자는 디엠을 보내셨다. 나는 알림에 적힌 내용만을 읽고 답장을 하지 않은 채 핸드폰을 꺼서 냈다. 내용 확인은 했지만 답하기 부담스러웠다. 어떤 답을 하든 다람쥐 선생님께 가야한다는 건 변함이 없었기에. 그러고선 한참 뒤에 다람쥐 선생님께 찾아갔다.

다람쥐 선생님께선 정말 바빠 보이셨지만 날 보시곤 잠깐만 기다려달라고 하시며 협의회실 문을 열어주셨다. 그렇게 협의회실에 들어갔다. (난 아직도 그 분위기와 불빛, 강하게 불어오던 쌀쌀한 바람의 감촉을 잊을 수가 없다. 서늘한 바람이 나를 깨우는 것만 같아서.) 다람쥐 선생님께선 수업에 들어가셔야 한다며 나에게 먼저 이런 저런 말들을 쏟아내기 시작하셨다. 삶에 있어서 무능함은 기본 값이다. 모든 사람은 다 무능하다. 그럼에도 이것저것 해보면서 가끔은 내가 들고 가던 짐을 흘리더라도 너가 했던 경험들이 가장 값진 것이라고, 다른 이들은 너를 어떻게 생각할지 모르겠지만, 때로는 너가 나댄다고 다른 사람들이 말하겠지만 너의 인생은 너가 살아가는 것이라고, 그리 말하시곤 수업종이 쳐서 수업을 하러 가셨다. 그러고선 5교시에 다시 이야기를 이어나갔다. 나는 두서없이 그동안의 힘들었던 일을 다 쏟아 부었다. 다람쥐 선생님은 나의 이야기를 처음부터 끝까지 들어주시곤, 천천히 말을 시작하셨다.

"그런 상황들이 있었구나, 효빈이가 어찌할 수 없는 일들이 많이 일어났구나. 그런데, 과거를 붙잡지 않는다고 해서 그 과거가 사라지는 것은 아니다. 직면하기 힘들 땐, 잠시 내려놓고 직면할 수 있을 정도로 강해졌을 때, 그때 마주보면 되는 거다. 그리고 안 좋은 생각이 누구나 들 수 있다. 효빈쓰가 그 생각을 실행에 옮기려하기까지 얼마나 힘들었을지 절절히 이해한다. 효빈쓰는 아직 많은 삶에서 작은 것을 경험해봤을 뿐인데 그 시간들을 저버리는 건 아닌 것 같다. 조금만 더 버텨보자."

나는 눈물을 쏟아냈다. 다람쥐 선생님께선 휴지를 건네주셨다. 그 휴지 조각을 주신 것 자체가 감사했고 죄송한 마음이었다. 이렇게 나라는 사람에게 위로를 준다는 것이 감사했지만 그러면서도 내가 다람쥐 선생님의 바쁜 시간을 빼앗는 것만 같아 죄송했다. 참 복잡한 마음이었다. "죄송해요. 감사해요"라는 말밖에 할 수가 없었다. 어떻게 죄송하면서도 감사한 그 복잡한 마음을 전달할까 싶었다. 그렇게 나는 다람쥐 선생님께 장문의 디엠을 보냈다. 감사하다고, 정말 감사하다고.

그 뒤로도 나는 다람쥐 선생님과 몇 번의 상담을 더 했다. 그만큼 내가 위태로워 보였을 거다. 다람쥐 선생님 입장에선. 나중에서야 알게 된 건데 내가 내 예전 글들을 봐도 정말 위험해보이더라. 누가 봐도 힘들어 보이는 글들, 그 글만이 가득했으니까 그때서야 다람쥐 선생님의 마음을 깨달았다. 나의 힘듦을 들으시곤 얼마나 걱정하셨을지, 불안해하셨을지. 그리고 곧 내가 친구들과 동생들의 힘듦을 들어주고 상담해주게 되며 내가 다람쥐 선생님의 입장이 되고나서 깨달았다. 얼마나 내가 다른 이들을 아프게 하고 있었는지. 그때부터 나는 인생의 목표를 죽음이 아닌 삶이라는 목표로 정하기로 했다. 죽지 않고 끝까지 살아내어 당당하게 다람쥐 선생님께 말하고 싶었다. 내가 인생의 목표를 죽음이 아닌 삶으로 바꾸어서, 참 멋진 사람이 되었다고, 그렇게 된 이유는 바로 다람쥐 선생님 덕분이라고. 앞으로 살아가면서 힘들 때나 즐거울 때나 다람쥐 선생님께서 말씀해주신 말들을 잘 기억하며 살아가고 싶다.

덧붙이자면 인생의 목표가 죽음이라는 사람은 나뿐만이 아니었다. 왜 그런 말이 있지 않은가. 자신과 비슷한 부류의 사람들이 자신의 곁에 있다는 그런 말. 나 또한 나의 주변에 자신의 인생 목표를 죽음으로 설정한 친구들이 많았다. 친구들뿐만 아니라 언니 동생 다 그랬다. 참 신기하게도 나도 사람인지라 그들이 죽고 싶어 한다는 걸 말리고 있더라. 잠자리에 들기 전 나는 항상 밤마다 하늘에 빌었다. '아픈 사람은 나 혼자로 족하니까, 그러니까 이 세상의 모든 아픔을 저에게 주세요.'라면서 말이다. 그러나 놀랍게도, 아니 당연하게도 다음날 바뀌는 건 아무 것도 없었다. 결국 바뀌어야 하는 건 내 자신, 그들 스스로였다는 것을 어느 순간 깨닫게 됐다. 그들이, 내 자신이 깨닫지 않는 한 바뀔 수 있는 게 없다. 아무리 주변에서 큰 위로를 주더라도, 본인이 깨닫지 못한다면 바뀔 수 없는 게 인생이더라. 그러니 우울증 환자를 곁에 두고 있는 사람이 있다면, 자신이 환자에게 해줄 수 있는 게 없다며 자책하지 말도록 하자. 우울증 환자였으면서 동시에 우울증 환자를 곁에서 봐온 지인으로서. 아니, 단지 한 사람으로서 너와 나 그리고 우리에게 해줄 수 있는 말. 스스로를 먼저 지키자고. 그렇게 살아가자고 감히 말해본다.

"오늘날의 김효빈이 겪어온 세월이 숱한 어려움으로 가득 차 있다고 해서 그 인생이 불행하게 끝난다는 결론이 나는 것은 아닙니다. 내가 겪는 상황들 중 내가 통제할 수 있는 것들이 어린 나이에 얼마나 되겠어요? 중요한 것은 그럼에도 불구하고 끊임없이 나아가는 일입니다. 그런 과정에서 반드시 갖추어야 할 어떤 모습이 있는 것도 아니구요! 나는 그저 나답게 가는 것이고, 지금 효빈이는 '나다움'을 찾는 시기인거에요. 그러니 진짜 나는 어떤 모습이고 싶은지를 다양하게 탐색해보시길 바라겠습니다. 그게 남들에게 이상하게 보인다고 해도 그게 나에게 편하다면 피해를 주지 않는 선에서는 관용의 대상이 되걸랑요. 이미 효빈이는 충분히 좋은 사람이니 끊임없이 자신을 점검하거나 주위에 좋은 모습을 보여 줘야한다는 강박이 있다면 그 부분도 살짝 내려두어도 괜찮지 않을까! 하는 말씀도 드립니다. 나 자신을 사랑해주는 첫 번째 사람은 반드시 내가 되어야 한다는 것! 항상 내면과 대화해보고 모든 모습의 효빈이를 담담하게 받아들이면 한층 성장한 내 자신을 만나게 될 겁니다 ㅎㅎ" -다람쥐 선생님과의 대화 중

"성장을 스스로 느낀 사람만큼 무서운 사람이 없습니다. 누군가는 평생 느끼지 못하니까요! 효빈쓰가 거쳐 온 모든 시간들은 그대로 의미가 있으니 잘 녹여서 단단한 인생을 살아봅시다용!" -다람쥐 선생님과의 대화 중

나 혼자 아픈 것만으로도 족하다고 생각하던 때가 있다. 지금도 그 생각엔 변함이 없다. 그럼에도 이제는 곁에 있어주는 사람들과 함께 더욱 나아가는 사람이 되고 싶은 바람이 있다.

치유와 배움의 글쓰기

김은미

글을 쓰려고 하면 무슨 글을 써야 할지부터 난감할 때가 많다. 특히나 글을 잘 쓰고 싶다는 생각이 들 때면 더욱 곤경에 처하곤 한다. 여러 선생님의 글을 보면 자신만의 에피소드를 진솔하게 쓰면서도 독자가 공감할만한 메시지까지 들어 있었다. 이러한 글을 쓰기 위해서는 자신의 일상을 세밀히 관찰해야 하고, 그 안에서 느껴지는 감정들에 예민해야 한다. 그뿐만 아니라 그러한 과정을 통해 나만의 깨달음도 있어야 할 것이다. 이를 흉내 내려 하니 못마땅한 내 모습만 보였다.

어느새부터인가 현실에 안착해 전전긍긍 살고 있는 내 모습 말이다. 늘 고달팠고, 불평만 가득했다. 이러한 연유로 글만큼은 긍정적으로 쓰고 싶었다. 그러나 녹록지 못한 삶은 나를 부정적인 방향으로만 향하게 했다. 늘 이런 생각이 가득했기에 편안한 글쓰기는 남의 이야기였다. 그날도 그런 맘으로 한참이나 책상 앞에 앉아 있었는데, 페이스북 알림이 울렸다.

<엄마의 김치죽>

엄마는 꼭 이맘때면 기력이 떨어진다. 기력이 떨어지면 식욕부터 없어진다. 그럴 때면 나는 부지런히 김치죽을 끓여 요양원으로 갔었다. 요양원의 전화를 받고 바로 쌀을 물에 담가 놓고 다음 날 아침부터 행하는 김치죽 만들기는 나에게는 일종의 의식에 가까웠다. 경건한 맘을 가져야만 엄마의 기력이 보다 빨리 회복될 것 같아서이다. -2015년 7월 어느 날 나의 페이스북에 올린 글 중

9년 전 오늘 썼던 <엄마의 김치죽>이라는 글이 눈에 들어왔다. 엄마는 내가 스무 살 무렵부터 아팠다. 그때부터 돌아가실 때까지 아팠으니 근 30년 동안 병상에서 벗어나지 못했다. 엄마를 생각하면 원망스러운 맘과 안쓰러운 맘이 교차하는 건 다 이 때문이다. '조금만 더 건강하셨더라면 엄마와 더 많은 이야기를 할 수 있었을 텐데' 하는 마음이 든다. 무엇보다 엄마에게 꼭 사과를 받고 싶었다. 그래야만 나의 문제가 해결될 수 있을 거라 믿었다. 때문에 지금처럼 더운 여름날 페이스북에 올라온 글을 볼 때마다 복잡한 감정들이 올라온다. 엄마를 떠올리며 드는 원망과 안쓰러움 그리고 속내가 아렸던 내 마음을 바라보고 있자니 엄마의 녹록지 못했던 삶이 보이기 시작했다. 지금 생각해 보니 내 삶이 녹록지 않으니, 엄마의 삶이 보였던 것 같다.

그녀는 클리프 리처드와 알랭 들롱을 좋아했고, 책 읽기를 좋아해 늘 책과 함께했다. 명석했던 그녀는 아마도 젊은 시절 꿈도 많았을 것이다. 젊은 시절 엄마는 사범대학 입학증을 뒤로한 채 가족을 보살펴야만 했다. 예전 여자들의 삶이 그러했듯 자신의 욕망보다는 가족이 먼저였고, 가족을 위한 쓰임이 없어지면 바로 내쳐졌다. 정확히 말하면, 오빠나 동생이 결혼하기 전엔 여자 형제의 도움이 절실했지만, 그들이 결혼하게 되면 그들의 가정을 위해 제일 먼저 없어져야 할 존재였다. 나이가 들어 버린 여자 형제는 그들의 배우자에게는 부담감 그 자체였기 때문이다.

그때는 집안의 어른이 결혼 상대자로 생전 처음 보는 남자를 내미는 게 당연했던 시절이었다. 그녀 역시도 이를 피할 수가 없었다. 그녀의 집안에서 그 남자를 선택했던 이유는 단 하나. 매일

같은 시간에 출근해 같은 시간에 퇴근하는 사람이었다는 것이다. 가족들은 그의 이름도 나이도 몰랐지만, 그 이유 하나만으로 '성실한 사람'이라 판단하였고, 그녀를 그 남자에게 보냈다. 그녀는 그토록 원했던 교사의 길을 가족을 위해 꺾었는데, 자신의 의지와 상관없는 결혼을 했다. 그게 다가 아니었다. 살아보니 그는 난봉꾼이었고, 이기적이었으며, 게으르기까지 했다. 무엇보다 그는 성실한 사람이 아니었다. 그는 매질을 일삼았고 외도도 잦았다. 그러나 그녀는 말도 안 되는 그 남자를 사랑했고, 주지 않는 사랑을 갈구하며 그 남자만 바라보며 살았다. 그래서인지 그녀는 늘 불안했다. 남자를 사랑하는 만큼 불안의 정도도 심했다. 그녀는 한 집안의 생계를 책임졌고, 한곳에 정착하지 못하는 남자를 눌러 앉혀야 했으며, 홀시어머니의 지독한 시집살이까지 견뎌냈다. 당연히 자식들을 따뜻한 애정으로 키울 여력이 없었다.

어린 시절 나는 그런 엄마에게 적지 않은 상처를 받고 자랐다. 그러나 난 그런 엄마가 늘 그리웠다. 당시 엄마는 술과 밥을 함께 파는 식당을 하셨던 터라 밤늦도록 장사를 하셨다. 엄마 곁에서 잠들고 싶었던 나는 돌아오지 않는 엄마를 그리워하며 매일 밤 대성통곡했다. 늘 엄마 곁에 머물고 싶었던 나는 엄마의 마음을 얻기 위해 언제나 엄마 편에 섰다. 형제들의 미움을 샀지만 그래도 늘 엄마 편이었다. 한 남자 때문에 괴로워하고 힘들어했던 엄마가 떠날까 불안했다. 이러한 노력 덕분에 그때 엄마는 나에게 적지 않은 위안을 받았던 것 같다. 엄마는 자주 *"내가 널 낳지 않으려고 수많은 방법을 다 써봤는데, 안 되더라. 하늘의 뜻으로 받아들이고 너를 낳았는데, 그때 내가 널 낳지 않았으면 큰일 날 뻔했지. 이렇게 예쁜 딸이 없었으면…."* 이라며 뒷말을 흐렸다. 엄마는 아마도 나로 인해 위안이 되었다는 말을 그렇게 했던 것 같다. 그러나 난 엄마의 그 말 때문에 늘 불안했다. 아마도 쓸모가 없어지면 가족들에게조차 내쳐질지도 모른다고 여겼기 때문이다. 난 가장 안전해야 할 공간에서도 나의 쓸모를 인정받기 위해 고군분투했다. 지금까지도 나는 거기에서 크게 벗어나지 못했다. 딸이 받을 상처보다 자신이 살아갈 힘이 더 중요했던 엄마는 살아갈 힘을 그렇게 붙잡았다.

그 때문인지 나는 한 인간으로서 인정받고 싶은 욕구가 강했다. 부모에게 받지 못했던 인정을 남편에게 받고자 애면글면 했다. 남편은 부모가 될 수 없음을 뒤늦게 깨달았지만 그러한 상황에서 느꼈던 고독감은 때로는 불안을, 때로는 상실감을 만들었다. 이러한 나의 감정들이 알게 모르게 아이들에게 전해졌다. 장성한 아이들이 우스갯소리처럼 옛 이야기를 되뇌일 때마다 엄마와

다르지 않았던 나를 발견하고는 소스라치곤 했다. 지금도 가끔
엄마에게 받았던 상처들이 아이들에게 그대로 대물림되고 있는
것 같아 자괴감이 들 때가 많다. 그때마다 내가 할 수 있는 건
아이들에게 진심을 다해 사과하는 것 밖에 없었다. 그러면서
엄마도 나처럼 사과해야 한다고 믿었었다. 그러나 오늘 이 글을
쓰며 엄마도 나처럼 고독하고 불안한 삶을 살았던 한없이 가여운
한 인간이었다는 것을 느낀다. 그뿐만 아니라 엄마는 자신의
방식으로 나에게 사과를 해왔다는 것을 어렴풋이 알게 되었다.
물론 그 맘을 진심으로 느낄 수는 없었지만...

그래도 젊었을 때 엄마는 순간순간 이러한 맘들을 숨기며 잘
버텨내셨다. 밤새 일을 하고, 살림하며, 한편으론 우리들이 잘
커가는 모습을 보면서 고통과 불안을 견디려 노력하셨다. 그랬던
엄마가 오랜 병상생활동안 그동안 지켜왔던 자신의 그 어떤
것들을 다 놓아버렸다. 병상에서 엄마는 고통과 불안의 민낯을
그대로 드러내었다. 그런 엄마가 미웠고, 싫었으며 안쓰럽기까지
했다. 그래서 한동안 여러 핑계를 대며 엄마를 찾아가지 않았다.
지금 생각해 보니, 엄마는 요양원 생활이 무척 답답하고 힘들었던
것 같다. 그중에서도 당신 곁을 떠난 그 남자가 사무치도록
그리웠을 테고, 맘대로 움직이지 않는 몸을 견뎌내는 게 제일

어려웠을 것이다. 거기에 더해 *"몸이 늙으면 마음도 따라 늙어야
한다"* 라는 딸의 옹이 박힌 말이 엄마를 더욱 고독하게 만들었던
것 같다. 생각이 여기까지 미치니 병상에서의 엄마의 거친 말과
행동이 이해되기 시작했다. 그리고 무엇보다 나도 엄마에게
받은 만큼 충분히 되갚아 주었다는 생각도 들었다. 좀 더 솔직히
말하자면, 녹록지 못한 삶을 살고서야 엄마의 인생이 눈에
들어왔고, 이를 글로 쓰다 보니 엄마와 나의 삶이 크게 다르지
않았음을 느꼈고 나도 그러한 엄마에게 하고 싶은 만큼 앙갚음을
했음을 깨달았다. 그리워하면서도 원망이 가득했던 엄마였다.
엄마의 사과를 굳이 들어야만 해결할 수 있을 것 같았다. 그런데
글을 쓰며 그녀의 삶을 들여다보니 한 인간에게 향하는 측은한
맘만 남게 됐다. 또한, 죄송하다는 생각마저 들었다. 어떤 글을
쓸지 고민하다 얻게 된 뜻밖의 결과였다. 그야말로 치유의
글쓰기였다. 의도하지는 않았지만, 의식의 흐름을 따르다 보니
어느새 치유의 과정을 걸으며 배움도 일고 있었다.

물론 모든 글쓰기가 그러한 것은 아니다. 그러나 글을 쓰면서 얻게
되는 치유와 배움은 종류와 정도의 차이만 있을 뿐 거의 비슷한 것
같다.

며칠 전에도 비슷한 경험을 했었다. 시끄러운 매미 소리에 대한 글이었는데, '매미가 운다. 강아지가 운다.'라고 썼다. 무심결에 사용했던 나의 언어 습관을 타인의 댓글로 알게 됐다. 글을 써 만인에게 드러내야 하는 이유인 것 같다. 그런 순간에도 배움이 인다. 처음부터 치유와 배움을 목적으로 글을 쓰진 않았지만, 쓰는 행위 자체가 성찰을 불러일으켜 배움으로까지 이르게 하는 것 같다.

글쓰기를 위해서는 글감 자체도 중요하겠지만 글감을 대하는 글 쓰는 자의 태도 또한 중요한 것 같다. 글 쓰는 자는 자신의 삶이 그러하듯 타인의 삶을 인정하고, 공감할 줄 알아야 할 것이다. '공감할 줄 아는 사람만이 공감 가는 글을 쓴다'고 하지 않던가! 타인의 인생을 공감하고, 거기에 비춰 자신의 삶을 좀 더 깊이 성찰해 진솔하게 자신의 삶을 드러낼 수 있을 때 비로소 치유와 배움이 이는 글쓰기가 되는 게 아닐까한다. 이것이 진정으로 글을 쓰는 사람의 태도인 것 같다.

글 쓰는 자의 자세

김은미

일 년 중 이맘때가 제일 기다려진다. 내가 좋아하는 비가 자주 내리기 때문이다. 요즘처럼 한낮의 기온이 30도를 오르내릴 때면 비가 더욱 간절해진다. 쨍쨍 내리쬐는 햇빛을 시커먼 먹장구름이 가로막기 시작하면 가슴이 콩닥콩닥한다. 드디어 '소낙비'가 내린다.

하루 종일 열기를 머금은 땅에 장대 같은 소낙비가 쏴악 쏴악 쏟아지면 순간 더위가 싹 가신다. 물러간 더위도 좋지만, 무엇보다 소낙비가 내리면서 내뿜는 땅의 냄새가 더욱 좋다. 비를 품은 달큼한 땅 냄새는 책장을 넘길 때 나는 냄새 같기도, 큼큼하면서도 향긋한 나무 냄새 같기도 하다. 소낙비도 좋지만 가늘게 내리는 '가랑비'도 그것대로 운치가 있다. 그보다 더 가는 '이슬비'가 풀잎에 송골송골 맺히면 우리 아이들 이마에 맺힌 땀방울 같기도 해 귀엽다. 그러나 모든 비가 다 좋은 것만은 아니다. 오랜 가뭄 끝에 찔끔 내리다 마는 '먼지잼'은 간절히 바라는 사랑을 주었다 뺏는 것 같아 야속하기만 하다. '먼지잼'은 풀풀 날리는 먼지나 겨우 재웠다고 해 '먼지잼'이다. 비를 좋아하는 나에게도 '먼지잼'은 검은 차만 더럽혀 안 오는 이만 못하다.

이렇듯 비를 칭하는 용어가 다양하다. 예전에 농사가 중요했을 때는 비가 오는 것에 따라 수확도 달라졌으니, 농부가 비를 바라보는 마음도 달랐을 것이다. 이를 반영하듯 비를 칭하는 용어도 다양했다. 꼭 필요할 때 내리는 비는 '목비'라 하는데, 가슴과 머리를 잇는 사람의 목처럼 농사철에도 중요한 '목'이라 해 '목비'라 했다. 봄에 바삐 일해야 하는데 내리는 비는 맞을 수밖에 없단다. 그래서 그때 내리는 비는 '일비'라 했다. 또, 낮에 내리는 비는 집에서 낮잠이나 자라고 해 '잠비'라 하였고, 추수가 끝난 가을에 내리는 비는 떡 해 먹는다고 해 '떡비'라 하였단다. 그냥 하늘에서 내리는 비인데, 시각을 달리해서 보니 새롭다. 이처럼 단어 하나에도 우리의 생활이 녹아있는 듯하다. 또한, 우리의 얼도 담겨 있다. 새가 소리를 내는 행동 하나에도 처한 상황에 따라 다르게 표현한다. 어떤 이는 '우짖는다'라고 하고, 또 어떤 이는 '지저귄다' 라고도 한다. 아마도 처한 상황에 따른 태도가 반영된 건 아닐까 싶다.

얼마 전 매미에 관한 글을 쓴 적이 있다. 매미 소리가 너무 커 짜증나는 마음을 참지 못하고 쓴 글이었다. 고양이나 강아지의 소리는 때때로 즐거움도 주고, 삶의 위안도 되는데, 왜 매미 소리만 짜증이 나는가에 대해 쓴 글이었다. "고양이도 울고, 강아지도 운다. 다른 벌레들은 또 어떠한가? 그들에게는 위안을 받는다면서 유독 매미만 미운 이유는 뭘까?"라고 쓴 글에 한 분이 댓글을 달았다. 우리나라 사람들은 동물들의 소리를 운다고 표현하는 경향이 강하다면서 이들의 소리를 다르게 표현했으면 좋겠다는 제안이었다. 매미나 새가 '재잘거린다. 수다를 떤다. 노래한다. 말한다. 부른다.'와 같은 표현으로 쓰면 어떻겠냐고 하신다. 그렇게 보니 아무 생각 없이 썼던 내 글 속 매미와 강아지도 울고 있었다.

옛이야기 속 소쩍새는 시어머니 구박을 받다 죽은 며느리가 새가 되어 밥솥이 적다며 '밥솥이 적다. 밥솥이 적다'고 울어 소쩍새가 되었다고 한다. 어느 시인은 야속하게 가신님을 그리워한 귀촉도가 제 피에 취해 운다고도 했다. 왜 우리나라의 새들은 울고 있었을까? 윗것들의 핍박과 잦은 외침으로 삶이 빈궁해진 아랫것들의 삶이 늘 서러워 그랬던 건 아닐까? 새의 울음소리가 자신의 구슬픈 맘을 달래주는 듯 들렸을 테니 말이다. 아랫것들은 자신의 서러움도 자유롭게 표현하지 못하던 시대였으니 동물들의 입을 빌려 잠시나마 위안을 받았으리라. 그 때문에 우리의 새들은 매번 울고 있었던 것 같다.

작금의 시대는 자신의 감정을 솔직히 드러내는 게 대세인 시대이다. 시대가 변한 만큼 언어도 변하는 게 순리일 것이다. 언어는 우리의 얼을 담는 그릇이기 때문이다. 이러한 연유로 좀 더 우리에게 걸맞은 표현을 찾아 사용해야 우리의 얼이 제대로 담길 것 같다. 외침의 영향으로 우리의 모든 것이 폄훼되었지만, 새가 지저귀고, 노래하고 재잘거리는 게 우리의 얼에 걸맞다. 우리나라를 침략했던 일본은 우리 민족을 더럽고, 나태하고, 나약하며 무식한 민족, 남이 잘되는 걸 배 아파하는 이기적인 민족으로 격하시켰다. 그래야만 우매한 우리 민족을 지배하는 그들의 정당성을 주장할 수 있었기 때문이다. 그렇게 우리의 민족성은 무지하고, 나약하며 이기적인 형태로 묘사된 채 남았다. 그뿐만 아니라 우리 자신도 우리를 그러한 존재로 믿게 했다. 이러한 문제점을 인식한 지식인들은 해방 이후 민족의 정체성을 재구성하려 노력했다. 「조선역사」(1964년)에서 김성칠은 "그릇된 일본 교육으로 말미암아 부지중에 아이들의 뇌수에 밴 자기모멸의 사상을 씻어 버리고 우리 민족에 대한 자신을 불어넣어주기 위해 새로운 역사교육이 필요하다"라고 했다. 그러나 식민지 시대에 만들어진 우리 민족의 자기모멸 자의식은 지금까지도 계속되는 듯하다. 무슨 일만 생기면 "우리나라 사람은 이래서 안 돼"를 누구나 쉽게 외치니 말이다.

이제는 일본 침략 이전의 민족성으로 돌아가야 할 것이다. 우리 민족은 예로부터 이웃들과 함께 울고 웃었던 정 많은 민족이었다. '두레'나 '품앗이' 문화가 이를 방증한다. 재주도 많아 다양한 문화유산을 지닌 민족이다. 그뿐만 아니라 뛰어난 시민의식을 지닌 민족이다. 이제 우리 스스로가 이를 인식하고 잃어버린 우리의 얼을 되찾아야 할 것이다. 이를 위해 제일 먼저 우리가 사용하는 언어부터 달라져야 하지 않을까 한다. 긴 시간 습관처럼 배어있던 언어들을 낯선 시각으로 바라보고, 우리의 얼이 제대로 담길 수 있는 언어를 찾아야 할 것이다. 조금 늦은 감이 있지만, 이제라도 이 모두를 제자리로 돌려놓아야 할 때이다.

앞으로 다시 돌아가 '비' 하나만으로도 우리의 언어는 그 표현이 다양했다. 어디 비뿐이겠는가? 색깔을 표현하는 단어, 맛을 표현하는 단어 등 그 미묘한 차이를 담아내고 있는 단어가 많다. 이러한 단어들을 찾아내고, 사용하는 것이 글을 쓰고자 하는 우리들이 해야 할 일이 아닐까 한다. 아름다운 우리의 얼을 찾아 제대로 표현하는 일. 그것이야말로 글 쓰는 자의 올바른 자세가 아닐까 한다.

글 쓰는 두려움 중 하나는 내 글을 읽는 사람들에게 미칠 영향력이다. 오글을 처음 시작했을 때도 이 부분이 가장 염려됐다. 나에게 글쓰기란 나를 돌아보거나 나를 관찰하는 글이 대부분이었다. 자기검열의 기준이 높은 나는 나의 모든 면이 성에 차지 않았다. 때문에 부정적인 글들이 많았다. 글을 쓰면서도 읽는 사람에게 미칠 영향력을 생각하니 쉬이 써지지 않았다.

그렇지 않아도 심하게 발동하는 자기검열이 더욱 심해져 급기야는 글의 소재마저 빈궁해졌다. 그뿐만 아니라 긍정적으로 써야 한다는 부담감이 진솔한 글쓰기에 방해가 되기도 했다. 그럼에도 불구하고 글 쓰는 자는 이를 염두에 두고 써야 한다는 책임감이 커져만 갔다. 내가 하는 이 활동이 그리 대단한 것은 아니지만, 누군가는 보는 사람이 있기에 그들에게 미칠 영향력을 염두에 두고 쓰는 것이 글 쓰는 자의 너무도 당연한 책무라 믿었다. 이러한 연유로 글 쓰는 자의 책무에 대해 톺아보았다.

정확한 정보에 근거한 사실의 문제점을 제시하고 그에 따른 대책을 고안할 때 진정한 비판 의 글이 된다고 본다. 그러나 정확한 정보에 따른 문제점만을 제시하는 글은 현실 부정에 그치고 마는 비난의 글이 된다. 이는 읽는 이로 하여금 부정적 사고나 편협한 사고를 부추길 위험이 있다. 따라서 문제점을 제시할 때는 그에 따른 대책도 함께 제시해야 한다. 이것이 비판 글이다. 요즘 항간에 떠도는 정보들을 보면, 현 상황을 꼬집는 내용들이 대부분이다. 이는 문제점 제시에만 그치고 만다. 그뿐만 아니라 정확한 객관적 사실에 근거하지도 않는다. 이러한 글들은 문제점만 제시하고 있을 뿐 나머지는 읽는 사람들의 몫이다. 진실이 무엇인지도 알 수 없는 수많은 글들은 개선점을 찾기보다는 잘못된 점만을 부각해 읽는 이들로 하여금 열패감을 부추긴다. 글 쓰는 자들이 비난의 글과 비판의 글을 구분해야 할 이유일 것이다.

「동물 농장」의 작가 조지 오웰은 정치적 이유로 글을 쓴다고 했다. "내 생각과 지향을 알리고 함께 공감하고 더 나아가 행동까지 변화를 일으키고 싶은 마음으로 글을 쓴다"라고 했다. 작가의 말처럼 행동의 변화까지는 아니더라도 내 생각과 지향만을 알리는 차원의 글에서는 벗어나야 할 것이다. 내가 쓴 글로 내 생각과 지향을 알리고, 이를 읽는 독자들의 공감까지 얻는 단계까지는 가야 할 게다. 공감은 나로부터 시작하지만, 읽는 사람들까지도 포괄해 상대의 의견을 이해하고 느낄 수 있어야 한다. 여기엔 읽는 사람의 입장과 관점은 그대로 유지하면서 글쓴이의 관점을 이해할 수 있도록 해야 할 것이다. 그 때문에 공감 가는 글은 나를 포함한 모든 이들의 관점과 생각을 이해시키도록 하는 게 중요하다고 본다. 작가는 여기에 더해 행동의 변화까지를 말했다. 즉, 개선점을 찾아 몸소 실천하자는 것이다. 이것이 글의 힘이고 영향력이 아닐까한다.

「따라 쓰기만 해도 글이 좋아진다」의 작가 김선영은 "혐오와 차별, 고정관념을 양산하는 표현을 쓰지 않는 것이 글 쓰는 사람의 소극적 책무"라고 했다. 그는 자신이 쓴 글이 개선점을 찾아 행동으로까지 이어지지 않더라도 글이 미칠 영향력을 잊지 말아야 함을 글 쓰는 자의 책무로 설명했다. 비난의 글에서 벗어나 비판의 글이 되어야 함을 강조한 것이다.

또한, 흑백논리에 갇혀 이것 아니면 저것이라는 사고에서도 벗어나야 한다고도 했다. 이는 단순한 논리에 의해 둘 중 하나를 선택하는 것이 아닌, 보다 다차원적인 관점의 고려가 필요하다는 의미이다. 이에 대해 그는 찰리 맥커시의 「소년과 두더지와 여우와 말」이라는 우화를 예로 들었다. 우화의 이야기는 컵에 든 물을 보며 소년과 두더지가 한 대화 내용이다. 두더지는 "물이 반이 빈 거니, 반이 찬 거니?"라고 물었다. 이에 소년은 "난 컵이 있다는 것만으로도 너무 좋은데."라고 답했다. 이렇듯 우리는 무의식중에 컵의 물이 반밖에 없다고 느끼는지, 아니면 반이나 남았는지만을 선택한다는 것이다. 어쩌면 강요당했을지도 모르겠다. 거기에 더해, 컵이 반이 찼다고 보는 관점을 긍정적인 관점으로 보며, 그렇지 못한 관점을 부정적으로 보는 경향이 강하다는 것이다. 그러나 작가는 우리의 무의식적인 선택을 꼬집듯 질문 자체의 모순이 있음을 지적한다. 좋은 것을 고르는 것엔 둘 중 하나만 있는 것이 아니라는 것이다. 컵 그 자체가 될 수도 있다는 얘기다.

이와 같이 글 쓰는 자는 컵만으로도 좋다는 소년의 관점이 필요하다. 둘 중 하나를 선택해야 한다는 벽을 허물고 그간 우리가 몰랐던 선택지가 존재함을 일깨울 수 있는 글을 쓰는 것 또한 글 쓰는 자의 책무일 것이다. 이분법적 사고는 고정관념과 편견을 양산하고, 사고의 확장을 막기 때문이다.

이러한 이유로 글 쓰는 자는 글을 써야 하는 이유를 자주 살펴야 한다. 내가 애쓰고 있는 이 행위를 통해 어떠한 의미를 만들어 내려는지도 곰곰이 곱씹어야 할 것이다. 그러기 위해서는 글쓰기에 앞서 인생에 중요한 가치가 무엇인지를 알아야 하며, 이를 잘 이루며 살 수 있도록 노력해야 할 것이다. 그리하여 글 쓰는 행위를 통해 나와 상대에게 좋은 영향을 미칠 수 있도록 해야 할 것이다.

이제 오글이 마지막을 향해 가고 있다. 우리가 전문적인 글쟁이는 아니지만, 글을 써보자 도전했던 만큼 이제는 좀 더 나아가 독자들에게 미칠 글쓰기의 영향력을 한 번쯤은 생각해야 할 때가 아닌가 한다.

모든 경험은 의미가 된다 : 나를 만들어온 도전의 순간들

안순화

살면서 다양한 일을 해봤다. 도전으로 생각하고 한 건 아니었지만,
돌아보면 나를 만들어온 도전의 순간들이었다.

산업체 고등학교에 다녔다. 학교, 공장, 기숙사가 한 울타리 안에 있었다. 양털에서 실을 만들고 실로 천을 짜는 방적공장에서 나는 기계로 천을 짜는 부서에서 3교대로 일을 하고 학교에 다녔다. 시험 기간이면 근무시간에 기계 앞에서 공부하며 졸다가 손과 손가락이 잘리는 등의 엄청난 사고가 잦았기 때문에 선생님들은 학생들 사고 예방으로 아예 시험문제를 만들어 주셨다. 선생님께서 만들어 준 시험 대비 페이퍼 이외엔 공부한 적이 없을 정도로 고등학교 때 배운 내용이 기억나지 않는다. 내가 공부한 것은 중학교가 마지막이었다는 느낌이 든다.

졸업 후 그해 가을까지 일을 하다가 지금의 지역으로 이사와 처음 한 일이 면사무소 재무팀 알바였다. 종이 파일의 명부에 일련번호를 매기고 우편을 보내는 일이었다. 중간에 번호가 하나라도 빠지면 다시 해야 하므로 일련번호 매기는 일이 세상에서 제일 어려운 일 같았다.

재무팀 업무가 끝나고 민원실에서 호적 관련 서류를 발급하는 일을 했다. 당시엔 종이 문서에 한자로 이름이 표기되어 있어 한자를 모르면 일하기가 어려웠다. 어른들이 "어린애가 어쩜 이렇게 한자를 잘 아냐" 하고 칭찬해 주시며 공부해서 공무원이 되라고 격려해 주셨다. 나를 위한 조언이었지만, 자주 훈계하듯 하시니 귀에 거슬리고 부담스러워 그만두었다. 그때 공부를 했었더라면.

그 뒤 8년 동안 전자 회사에 다녔다. 생산부 작업자를 하다가 조장에 발탁되어 자재 관리와 조원 관리를 하고 현장의 ISO9001 품질관리 관련 업무도 했다. 오래 일한 만큼 에피소드가 많다. 수출 제품으로 빨리 출하해야 하는 상황에서 불량이 발생하면 빨리 새 자재로 교체해야 하는데 자재과에서 자재를 주지 않아 벌어진 상황이 있다. 자재 불량 교환 시간은 정해져 있어서 아무 때나 교환해 주지 않지만, 상황을 설명하고 교환을 요구했는데도 받아주지 않아 공장장도 확인하는 생산관리 시스템에 사고 이유를 적나라하게 적었더니 회사가 발칵 뒤집혔다. 결국 자재과에서 직접 자재를 가져왔고 우리 부서장이 아주 좋아했다.

IMF 때 명예퇴직을 한 후 결혼해 아이를 낳고 키우다가 큰아이에게서 독서치료 효과를 본 후 아동 책 방문판매를 했다. 아이(사람)에게 발달단계가 있다는 것을 처음 알게 되어 신기했고 공부하는 것이 재밌었다. 고객들에게 아이들 단계별 성장과 책에 대한 설명은 잘했지만 잘 팔지 못했다. 돈은 못 벌고 책만 잔뜩 사니 처음엔 남편이 뭐라고 했지만, 책 읽기의 효과가 나타나니 좋아했다. 그런데 돈이 되지 않아 그만두었다.

첫 아이가 초등학교에 입학한 후 알바로 생산직 일을 이 년 정도 했는데, 납땜 연기와 포장 먼지 등으로 잦은 기침이 났다. 근무 환경이 좋지 않은 생산 현장에서는 더 이상 일을 할 수 없어 다른 것에 눈을 돌렸다.

텔레마케터 교육을 한 달 받고 홈쇼핑 상담원으로 취업했는데 삼 개월 반 만에 그만두었다. 한번 시작한 일은 쉽게 그만두지 않는 스타일인데 고객들 상대하느라 스트레스에 변비가 심해져 더 이상 하기 어려웠다. 세상에 다양한 사람들이 많다는 것을 깨달았다.

이후, 집 근처 도서관 아동실에서 책을 대출해 주고, 반납 받고, 정리하는 일을 했다. 책을 만나는 일이 무척 좋았다. 예전 우리 아이들에게 사서 읽어주면서 알게 된 책들이 많아, '이달의 책' 선정에 고민하는 사서에게 일 년 치 아동도서를 추천해 주었다. 이용자들에게 응대를 잘하니 도서관에서도 좋아했는데 계약기간이 끝나서 아쉬웠다.

고등학교 이후로는 공부해 본 적이 없어 두려운 마음에 망설이다가 다른 직업이 필요했기 때문에 하고 싶은 상담사를 목표로 방송대(한국방송통신대학교)에 입학해 청소년 교육을 전공했다. 동기 언니와 친해지면서 언니가 먼저 하고 있던 보험 설계사를 했다. 변액보험 판매 자격증도 한 번에 취득해 주목받았다. 그런데 보험 설명은 잘했지만 잘 팔지는 못했다. 어렵고 재미가 없었다. 책 판매일과 마찬가지로 계약서 작성으로 이끄는 기술이 부족해 그만두었다.

방송대 재학 중 직업상담사 공부를 하며, 떡집에서 알바를 했다. 주문받고 떡을 찌고 포장하고 판매하는 일이다. 작은 조각을 일일이 포장해야 하는데 예쁘게 잘해서 사장님이 좋아했다. 사장님과 손발이 척척 맞고 손이 빨라 그만둘 때 사장님이 많이 아쉬워했다.

직업상담사 자격 취득 후 고용노동부의 최저임금 설문조사 알바를 했다. 최저임금위원회에서 최저임금을 결정하기 전의 과정이다. 매뉴얼을 주며 업무하라고 하는데 방송대에서 자기 주도로 학습하고 혼자 자격증 공부를 해서 그런지 전혀 두렵지 않았다. 사용자와 근로자에게 설문조사를 한 후 결과를 도출해 최저임금위원회에 보내는 일이다. 도내 기업체의 명부를 받아 시내권의 기업과 식당엔 직접 방문하고 먼 지역은 우편을 보내고 회신을 받았다. 사용자용 설문지와 근로자용 설문지가 따로 있는데 사장이 종업원 대신 설문을 했다. 안 된다고 해도 지금은 일을 하고 있으니 할 수 없단다. 직접 방문한 곳도 이런데 우편으로 보낸 곳은 어떨까. 이 경험으로 약자의 설움을 또 느꼈다. 최저임금 결정에 근로자의 생각이 얼마나 들어갈 수 있을까. 기가 막혔다. 공무원에게 문제를 제기하니 다들 알고 있지만 자기들도 어쩔 수 없다고 한다.

방송대를 졸업하고 동기들은 전공을 살려 취업을 하기도 했지만 나는 그럴 수 없었다. 당시, 남편은 건물 추락사고로 입원 치료를 받았다. 일 년으로 산재 치료 기간이 끝났지만, 당장 일을 할 수 없는 상태였다. 남편이 일 년 과정의 직업훈련 공부를 하는 동안 내가 2교대 공장에서 일하겠다고 제안해, 나는 일을 하고 남편은 공부와 살림을 했다. 나 역시 교통사고로 허리가 좋지 않아 치료하고 교정도 하던 때라 2교대 신체 노동을 할 수 있을까? 고민과 걱정을 하면서도 돈이 되는 일을 해야 했기 때문에 '안 되면 그만두지!' 하며 결정했다.

처음엔 힘들었지만, 인간은 적응의 동물이라더니 금방 익숙해지고 오히려 허리 상태가 좋아지는 것을 느꼈다. 노동도 좋은 마음으로 하니 운동이 되었나 보다. 대기업의 하청회사인데 일을 잘하고 작업자들과 관계가 좋은 면을 좋게 봤는지 내 의사와 상관없이 품질관리부 반장이 됐다. 품질관리부에서는 대기업인지 하청회사인지 구분 못 할 정도로, 메일로 대기업의 업무 지시를 받고 그쪽에 가서 회의도 했다. 품질에 관해서는 대기업의 이름으로 판매되는 제품을 하청회사 마음대로 할 수 없으니 그런 것 같았다. 그런데 너무하는 것 아닌가. 한 현장 안에서 1개 라인은 본사 정규직 직원이, 옆의 1개 라인은 하도급 직원이 일하는 것처럼 장소만 달랐지, 한 회사의 일인데 1개 라인은 정규직, 1개 라인은 비정규직 이렇게 나눠놓은 꼴이다. 나에게 상대적으로 이미지 좋았던 기업이었는데 '대기업은 다 똑같구나!' 생각했.

조카나 딸같이 어린 팀원들에게 엄청나게 구박받으며 배웠다. 반장을 준비하던 조장이 두 명이나 있었는데 중간에 그 자리를 꿰찬 사람이 곱게 보일 리가 없는 것도 이해되니 그러려니 했다. 검사 결과에 따라 생산 현장에서 작업을 하므로 컴퓨터 조작과 엑셀 입력도 매우 빠르게 해야 했다. 그 덕에 기초밖에 몰랐던 엑셀을 많이 배웠고 키보드 단축키 사용이 능숙해졌다. 애들 말로 '개 구박'을 받으며 배웠기에 힘들었지만, 남는 것이 있었다. 2년여 근무하고 회사가 어려워져 자연스럽게 그만두게 됐다.

마지막으로, 취업을 준비하던 중 동기에게 채용 공고 정보를 얻어 청소년방과후아카데미(방카) 입사하게 됐다. 청소년지도사로서 첫 업무가 방카 담임이고, 전임자의 업무를 그대로 받아 처음부터

회계업무를 하게 됐다. 일찌감치 수학을 포기해 숫자에 대한 두려움이 있어 사무직은 꿈도 꾸지 않았었다. 그런데 막상 해보니 생각보다 어렵지 않았고, 잘 해냈다. 친구가 방카 담임을 먼저 경험하면서 아이들의 가정환경 때문에 일어나는 일로 잘해보려고 얼마나 고민하고 힘들어했는지 들었던지라 '내가 잘할 수 있을까?' 걱정했었는데 아이들 지도하는 것도 나름 잘했다. 해보지 않았다면 몰랐을 것이다.

어떤 일을 하기 전에 무척 망설이고 많이 고민할 정도로 자신감이 없었지만, 강한 생활력을 바탕으로 한 작은 성공의 경험이 쌓여 스스로 조금씩 자신감을 높이게 되었던 것 같다. 내가 직접 겪은 일로 사회구조를 이해하게 된 부분과 함께 이러한 모든 경험이 아카데미 운영과 아이들 지도에서도 많은 도움이 되고 있다.

3.

일상

일상을 살아내기

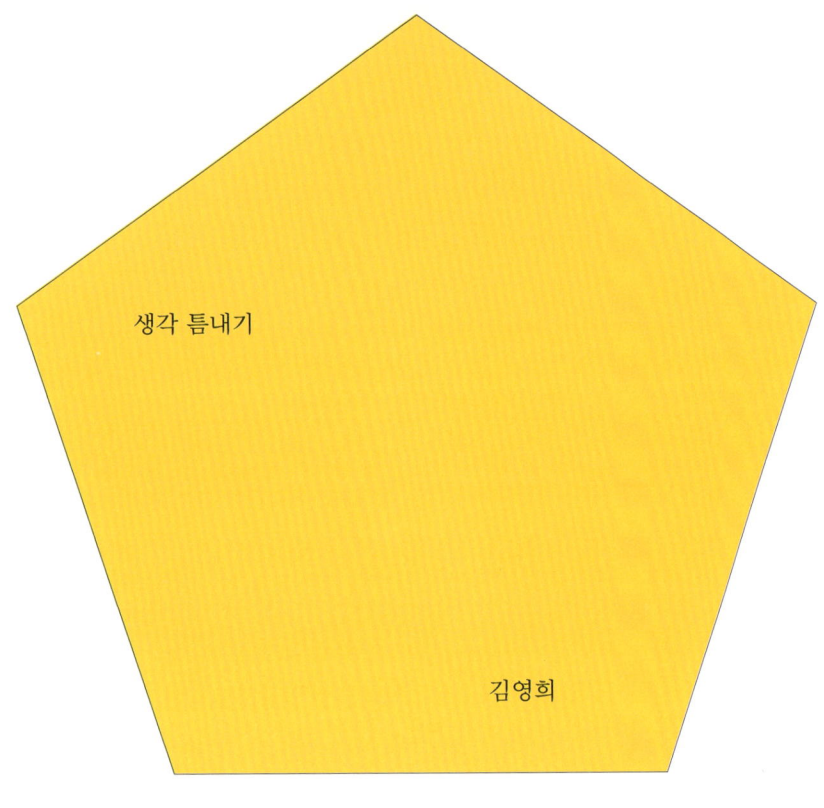

생각 틈내기

김영희

나의 시댁은 제주도다. 많은 사람이 무척이나 부러워한다. "너무 좋겠다. 그럼, 제주도를 일 년에 몇 번이나 가? 비행기도 매번 타고. 제주도 너무 예쁘잖아. 부럽다." 등등.

결혼 전엔 나도 제주가 무척 좋았고, 육지 사람인 내게 제주는 뭔지 모를 로망이었다. 하지만 이상과 현실은 달랐다. 추석, 설이면 비행기표 구하기가 하늘의 별 따기였고, 극성수기 우리 가족의 교통비는 실로 어마어마했다. 시부모님은 육지에서 온 아들, 며느리와 손자, 손녀를 따뜻하게 맞이해 주셨지만 내게 시댁은 시댁이었다. 전형적인 농촌에 모기도 벌레도 많고, 집안일, 과수원일, 농사일도 많고, 무엇보다 살림살이가 손에 익지 않아 주방일도 쉽지 않은, 마음이 편치 않은 그런 곳이었다. 제주에서 보내는 2박3일 혹은 3박 4일의 명절은 그냥 시댁에서 힘들게만 보내고 오는 며느리의 마음과 느낌이라고나 할까. 다녀오면 피곤하고, 웬만하면 다시 가고 싶지 않았다. 이렇게 제주는 내게 천혜의 자연을 가진 신비로운 곳, 아름다운 곳, 이국적인 곳, 바다와 파도가 있는 휴가와 쉼이 있는 그런 곳이 아니라, 그저 피곤하고 힘든 시댁으로만 자리 잡았다.

3년 전부터 남편은 제주의 어머니 댁으로 들어갔다. 비닐하우스를 설치하고, 묘목을 가꾸는 등 본격적으로 농사를 짓기 위해서였다. 나는 사실 젊은 시절 육지에서 공부하고 생활했던 남편이 농사를 짓겠다고 했을 때 반대했다. 농사를 도왔던 경험은 있었지만, 남편이 직접 농사를 지은 적은 없었기 때문이다. 농사의 농(農)자도 잘 모르는 사람이 힘든 농사를 할 수 있을까? 또, 어머님과 친척, 친구들이 제주에 있기는 하지만, 혼자 내려가는 것도 그렇고 여러모로 마음에 걸리는 것이 많았다. 하지만, 본인이 꼭 하고 싶어 하는 일을 말릴 수만은 없었다. 그렇게 본격적으로 농사를 짓기 시작한 것이 3년째 접어들고 있다. 올해는 유독 흐린 날이 많고, 비가 많이 내렸다. 한 달 내내 제주의 파란 하늘을 볼 수 없었단다. 예민한 성격에 완벽주의자인 남편은 '나뭇잎이 누렇게 변한다, 잎사귀가 떨어진다, 열매가 너무 많다, 습기 많은 날씨 탓에 나무줄기에 곰팡이가 핀다.' 등등 나무 하나하나를 관찰하고, 정성을 쏟고, 걱정도 많이 했다. 이렇게 애쓰는 남편이 염려되고, 혼자서 안됐다는 생각이 들면서도 나는 쉽사리 제주로 내려가지 못했다. 나에게도 직장생활에 혼자 두 아이를 돌봐야 하는 녹록지 않은 일상이 있었고, 또 무엇보다 제주는 여러 가지가 편치 않고, 익숙하지 않았기 때문이다.

그러던 중 이번 여름방학을 맞아 딸이 먼저 제주도행 스타트를 끊었다. 아빠 일을 도우러 제주에 가야겠다며 열흘이나 다녀왔다. 얼마나 기특하고 장한지 모르겠다. 그리고 아들 역시 이번 방학을 맞아 일주일 정도 제주에 다녀오겠단다. 남편은 얼마나 든든하고 좋을까? 나도 용기를 내어 아들과 함께 제주에 다녀오기로 했다.

여전히 시댁이고, 일이 많은 시골이지만, 지금부터라도 마음에 조금만 틈을 내 보려고 한다. 솔직히 잘 될지는 모르겠지만 남들은 제주에 한 달 살기, 일 년 살기를 위해서도 내려가지 않는가. 제주의 풍광을 보고, 농사일도 돕고, 제주도민의 일상생활을 직접 느껴 보기 위해서 말이다. 나는 마음만 먹으면 지금 당장이라도 할 수 있다. 제주에 내 집은 아니지만, 어머니 집이 있고, 남편이 가꾸고 운영하는 과수원도 있다. 앞으로 노후를 어디서 보낼지는 모르겠지만, 제주도 하나의 선택지인 것만큼은 틀림없다. 남의 시선을 의식하는 것은 아니지만, 남들이 보기엔 부러울 수도 있다. 생각을 조금만 바꿔 보자. 자주는 아니더라도 지금을 시작으로 한 번씩은 내려가 보자. 요즘은 예전과 달리 저가 항공도 많고, 짧게라도 가려면 얼마든지 갈 수 있는 여건이 된다. 그리고 제주에서 몸과 마음의 여유도 조금은 가져보자. 그래! 나는 내일 제주로 떠난다.

3박 4일의 제주 일정을 마치고 집으로 돌아오는 길이다. 갈 때는 아들과 함께 출발했는데, 올 때는 혼자다. 첫날은 8시 넘은 저녁 비행기라 제주 도착에 의미를 두었다. 너무 늦은 시간에 도착해 아들과 함께 제주시에 있는 고모 댁에서 하룻밤 자고 다음 날 시골로 출발했다. 시골엔 어머니와 고모 한 분이 계신다. 어머니는 90세가 넘었고, 고모는 60세가 넘었다. 올해부터 어머니는 주간보호센터에 가신다. 잘 됐다. 집에서 무료하게 계시는 것보다는 사람들과 이야기도 나누고, 관계도 맺고, 프로그램에도 참여하시고, 식사와 간식도 드시고 좋은 것 같다. 고모는 이번에 눈 수술을 하셨다. 남편과 제주에 사시는 고모들이 서로 눈 수술을 한 고모님을 돕고 있었다. 또, 남편은 비닐하우스 안에 작은 휴식 공간을 마련했다. 작은 방과 화장실, 샤워장을 넣어서 일하다가지칠 때는 조금이라도 쉴 수 있는 공간이 탄생한 것이다. 그동안 제주에서는 이렇게 나름대로 생활의 변화, 일상의 변화가 있었다.

한낮의 비닐하우스 온도는 40도 가까이 올라가서 일을 할 수가 없었다. 우리는 근처 식당에서 점심을 먹고, 아들과 나는 현대미술관에 들러 여유롭게 미술작품을 감상했다. 어머니께서는 5시 30분에 주간보호센터에서 돌아오신다고 하니, 시간에 맞춰 인사를 드려야 한다. 손자도 며느리도 작년 추석 이후에 처음 보니 무척이나 반가워하실 것이다. 어머니는 집 앞 느티나무 그늘을 좋아하셨는데, 집에 도착해 보니 역시나 그 나무 아래에 계신다. 우리를 알아보시고는 엄청나게 반겨주신다. 날이 너무 더운가? 어머님 살이 좀 빠진 것 같아 맘이 쓰인다. 제주에서의 이틀은 아무것도 한 것 없이 이렇게 눈 깜짝할 사이에 지나갔다.

오늘은 뭐라도 좀 도와야겠다. 일단은 귤나무에 매달린 열매를 솎아 줘야 한다고 한다. 우리 셋은 한 골씩 맡아서 많이 달린 열매를 과감히 따 주었다. 이른 아침이지만 그래도 덥다. 땀이 너무 많이 흘러 중간중간 수분 보충이 필요하다. 얼마 하지도 않았는데, 얼굴은 붉어지고 땀은 범벅이다. 철수하기로 했다. 잠시 쉬면서 아침을 먹고 나니 더 이상 비닐하우스에 들어갈 엄두가 나지 않는다. 새벽에 일하고 낮엔 충분히 쉬고, 해가 지기 시작하면 그때 다시 하는 수밖에 없다. 아들은 누나보다 자신이 더 일을 잘한다고 자랑했는데, 솜씨를 보일 시간이 많지 않다며, 거들먹거린다. 나는 내일 아침 비행기로 육지에 올라가야 해서, 오후 5시에 제주시에 있는 고모 댁으로 출발했다. 3박 4일의 일정이 뭐 하는 것 없이 훅 지나가 버렸다.

가능하면 한 달에 한 번은 제주에 내려와야겠다. 물론 '가능하면'이지만, '힘들다. 오고 싶지 않다.'라는 생각에서 조금의 틈을 벌리고, 마음을 바꿔 봐야겠다. 남편의 꼼꼼함, 완벽주의가 약간 걱정스럽긴 하지만, 남편이 일하고 있는 곳에 와서 혼자가 아니라는 것을 느낄 수 있게 응원과 지지를 보내는 것으로 남편을 위로하고 싶다. 이 생각의 틈 내기가 삼 년이나 걸린 셈이다.

지금이라도 너무 늦지 않아 다행이라 생각한다.

게으른 자들의 흡족한 하루

김영희

주말이면 너무 늘어진다. 금요일 저녁 퇴근 이후부터는 정말 아무것도 하고 싶지 않다.
더운 날씨도 한 몫 하지만, 일주일 내내 애쓴 나에게 스스로 휴가를 주는 마음이 큰 것 같다.
마음의 힘은 매우 커서 몸을 지배하는 게 틀림없는 듯하다.

지난 2주를 맥없이 그냥 보냈다. 이번 주는 수요일부터 토요일 오전까지 제주를 다녀왔고, 토요일 오후엔 홍대 근처에 갈 일정이 있었으나, 갑작스러운 지인의 어머니상이 있어 일정을 변경하게 됐다. 제주에서 아산에 있는 집에 도착해서는 곧바로 장례식장에 들렀다. 그리고 이날 토요일은 서울에서 하룻밤 자기로 했다. 이유는 게으른 자들-나와 절친 한 명-이 잠시라도 연대해, 침대, 소파, 넷플릭스와 이별하고, 서로를 의지해 걷고, 땀 흘리며, 무료한 주말을 알차게 보내보기로 했기 때문이다. 토요일 저녁은 피곤했는지, 누가 업어가도 모를 정도로 일찌감치 잠이 들었다.

 다음 날 아침 7시에 알람 소리가 울렸다. 날이 더우니 가능하면 조금 이른 아침부터 움직여 보기로 했다. 실상은 8시가 넘어서야 움직였지만. 오늘의 일정은 서대문구에 있는 안산 자락길을 한 바퀴 돌고, 초소 책방에서 맛있는 커피와 빵으로 점심을 먹고 일찍 헤어지는 것으로 정했다. 내일은 새로운 주를 시작해야 하는 월요일이니, 오늘 일정을 너무 무리하게 잡아서는 안 된다.

 안산 자락길의 시작은 오르막길이다. 시작부터 땀이 흠뻑 나고, 숨이 가빴다. '그동안 너무 운동을 안 했나? 이 정도는 아니었던 것 같은데….' 여하튼 오르막길은 힘들고 어렵다. 하지만, 더운 여름인데도 불구하고, 나무 그늘과 불어오는 바람은 상쾌함과 시원함을 느끼기에 충분했고, 목청껏 울어대는 매미는 목이 쉬지는 않을지 걱정스러울 정도로 힘차다. 한 여름임을 실감케 한다. 안산 자락길을 두 번 정도는 돌았던 것 같은데, 오늘은 생각보다 쉽지 않다. 내리막길에서는 지난번 여행에서 멍든 발톱 때문에 불편하고, 신발도 생각보다 편하지 않았다. 그래도 2시간 정도를 예상하며, 우리는 걷다가 앉아 쉬기도 하고, 또 걷다가 물도 마시고, 걷다가 바람도 맞고, 그렇게 쉬엄쉬엄 걸었다. 오랜만에 나와보니, 부지런하고, 운동을 열심히 하는 사람들이 많음을 다시 한번 느낀다. 하지만, 현관문을 열고 밖으로 나오기까지가 이렇게나 어려우니…. 그래도 오늘은 서로를 의지해서 밖으로 나왔고, 이렇게 걷고 땀 흘리고 있어서 기쁘다. 안산 자락길을 벗어나 인왕산 둘레길로 접어들었다. 인왕산을 보고 있자니, 정선의 인왕제색도가 생각난다. 정선은 인왕산의 바위를 그리기 위해 저렇게 높은 곳을 얼마나 많이 어떻게 올랐을까 싶기도 하다. 인왕산 정상의 바위에서는 뭔지 모를 신비함과 웅장함이 느껴진다. 또, '누군가는 저 바위를 그리기 위해 인왕산을 오르고 있겠지' 하는 생각이 든다.

 초소 책방에 도착했다. 왜 초소 책방일까? 인왕산이 전면 개방되면서 경찰 초소를 증·개축해 북 카페로 리모델링해서 초소 책방이라고 한다. 환경과 관련된 책이 많았으며, 책은 편하게 자리로 가져가 읽을 수도 있게 되어 있었다. 또, 인왕산 바위를 초근접으로 만지거나 볼 수 있는 곳이라고는 하는데, 날씨가 너무 더워 밖으로 나가기가 쉽지 않았다. 일요일이라 사람들이 많아, 겨우 자리를 잡았다. 안산 자락길과 인왕산 둘레길을 걸으면서 흘렸던 땀은 카페의 편안함으로 식히고, 배고픔은 빵으로, 정신은 카페인으로 보충하니 이제 살만하다.

근처에 있는 윤동주 문학관을 마지막 코스로 들렀다. 생각보다 규모는 작았지만, 윤동주 시인의 친필 시를 직접 보게 되니, 그것이 설사 복제품이라 할지라도 그 시절 나라 잃은 슬픔과 고뇌를 어렴풋이나마 느낄 수 있었다. 또 건물이 좀 독특했다. 전시관에서 영상관으로 내려가는 길과 벽, 그리고 영상관은 뭐라고 해야 하나, 창고도 아니고, 감옥도 아닌 것이 뭔가 특이했다. 알고 보니 이곳은 종로 청운수도가압장을 개조해서 만든 곳이며, 건축상을 두 번이나 수상했다고 한다. 전시관에 적힌 내용을 잠시 소개한다.

종로, 청운수도가압장, 그리고 시인 윤동주

시인 윤동주는 연희전문학교 문과 재학시절 종로구 누상동에 있는 소설가 김송의 집에서 문우 정병욱과 함께 하숙 생활을 했다. 당시 시인은 종종 이곳 인왕산에 올라 시정을 다듬곤 했다. 별 헤는 밤, 자화상, 그리고 또 다른 고향. 지금까지도 사랑받는 그의 대표작들이 바로 이 시기에 쓰였다. 그런 인연으로 종로구는 2012년 인왕산 자락에 자리한 청운수도가압장과 물탱크를 개조해 윤동주 문학관을 만들었다.

가압장은 느려지는 물살에 압력을 가해 다시 힘차게 흐르도록 도와주는 곳이다. 세상사에 지쳐 타협하면서 비겁해지는 우리 영혼에 윤동주의 시는 아름다운 자극을 준다. 그리해 영혼의 물길을 정비해 새롭게 흐르도록 만든다. 윤동주 문학관은 우리 영혼의 가압장이다.

윤동주 문학관

윤동주 문학관이 왜 이곳 인왕산 자락에 자리를 잡게 되었는지, 또 독특한 구조와 의미가 조금은 이해됐다. 제1전시실(시인채)은 사무실로 쓰이던 부분을 개조해 윤동주 시인의 친필 원고 복제품을 전시하였고, 제2전시실(열린 우물)은 폐기된 물탱크의 윗부분을 개방해 만든 중정이며, 제3전시실(닫힌 우물)은 물탱크 원형을 그대로 보존해 만든 영상 상영관이었다. 오랜 세월 물이 고여있던 물탱크의 흔적과 냄새가 고스란히 느껴졌으며, 윤동주 시인이 갇혔던 후쿠오카 독방을 모티브로 재설계했다는 3전시관은 나라 잃은 청년 윤동주의 슬픔과 그리움, 그리고 그의 인생을 다시금 돌아보게 했다. 며칠 후면 광복절이다. 그 시절 나라를 위해 모든 것을 바친 수많은 분에게 감사하며, 그리고 그들을 잘 기억하지 못하는 후손으로서의 죄송한 마음이 몰려온다. 일상이 바쁘고 힘들다는 이유로 지금의 이 평화로운 일상이 어디에서 왔는지 점점 잊고 사는 나의 삶에 윤동주문학관은 내 영혼의 가압장임을 느낀다.

게으른 이들의 느슨한 연대는 아주 의미 있었고, 흡족한 하루를 보내게 했다. 가끔 용기를 내서, 문을 열고 나가야겠다. 혼자가 어려우면 이 느슨한 연대를 적극 활용해야겠다.

여유가 있어야 잘 보인다

범경아

작년에 처음으로 삼십 년 지기 친구들과 강의 겸 제주도 여행을 다녀왔다. 세 아줌마의 첫 여행은 특별했다. 김포공항에서 비행기를 탄다는 것만으로도 유쾌했다. 유명한 관광지도, 음식점도 아니었지만, 모든 시간이 즐겁고 행복했다. 그래서 올해 제주 강의도 기쁜 마음으로 수락했고, 대학생 두 딸과 동행하기로 했다.

목요일 새벽에 출발하는 제주 출장을 하루 앞두고 예상치 못한 일들이 자꾸 생겼다. 수요일 청각장애인 수업 후 일에 몰두하다 보니 새벽 3시가 됐다. 둘째 덕분에 한 시간 남짓 눈을 잠깐 붙일 수 있었다. 이동하는 내내 차량과 비행기, 택시 등 모든 이동수단에서 내내 기절한 듯 잤다.

잦은 폭우로 비행기 연착이 자주 된 터라, 새벽에 미리 제주에 도착했다. 렌터카에 익숙해질 틈도 없이 비가 오는 한라산을 넘었다. 커피를 마치고, 껌을 씹으면서 두 아이를 숙소에 내려놓았다. 익숙하지 않은 렌터카를 타고 차량용 내비게이션에 의지해서 운전하면, 다시 초보운전자의 긴장감과 불안감을 느끼게 된다. 업무도 마찬가지다. 경력직이라도 새 직장에서는 다시 신입이 된다. 맞다. 그래서 늘 겸손해야 한다.

오후 1시 30분. 최중증 발달장애인이 거주하는 생활시설. 이렇게 강의에 몰입하는 선생님들은 오래간만에 보았다. 선생님들의 계속되는 질문과 고민을 나누었다. 두 시간 넘게 마이크 없이 강의하고 저녁도 못 먹고 녹다운됐다. 새벽에 선생님들의 질문과 최중증 발달장애인의 어려운 행동 사례를 분석해 추가자료를 만들었다. 두 번째 수업, 사례분석과 추가자료를 제시하며 설명했다. 선생님들의 끊임없는 질문이 이어졌다. 종료시간을 20분이나 넘겼는데도 질문이 이어졌고, 하트도 주시는 선생님들의 열정이 뜨거웠다.

한라산을 넘어 제주시로 왔다. 강당을 가득 메운 사회복지사들의 눈빛이 초롱초롱하다. 오후 1시, 식사 직후인데도 조는 분, 다른 곳 보는 분 하나 없이 열정적으로 질문하고 웃고 공감하셨다. 열정적으로 질문하고 참여하는 분들 덕분에 하나도 힘들지 않았다. "이런 교육이 필요했는데 입사 30개월 만에 처음으로 완전히 공감하는 교육이었고 저를 대변하는 듯했어요.", "궁금했던 점을 속 시원하게 풀어주셔서 감사합니다.", "이직을 고민 중이었는데, 조금 더 노력해 보겠습니다. 감사합니다", "제주까지 바리바리 간식도 챙겨 오신 열정과 사랑에 감사드려요." 열정적인 반응이다.

점심 식사를 건너뛰었을 강사를 위해 정성스럽게 점심 도시락을 준비하고, 처음 보는 강사를 열렬히 환대하는 보수교육담당자에게 감사의 마음을 전했다. 강의비는 적지만 꼭 모시고 싶다고 수차례 전화한 최중증 장애인 생활시설 담당자께도 불러주셔서 감사하다는 진심 어린 감사를 전했다. 마음을 움직이는 건 돈보다 진심이라는 생각을 했다. 교육 시간 내내 고개를 끄덕이고 공감하고 집중하는 사회복지사들을 보면서, 다른 강의를 조정하고 취소하면서 제주까지 온 것에 감사했다. 오늘도 위태로운 길 끝에 선 누군가를 위로했기를, 선생님들께도 나의 진심이 닿았기를 기도했다.

다시 한라산을 넘어 서귀포시로 왔다. 딸들은 종일 얼마나 재미있게 놀았는지 얘기했는데, 하나도 안 들렸다. 아이들에게 미안해서 중문 해수욕장 일몰을 보러 가자고 했다. 해안 사구 바닷물에 빠진 적이 있어서 헤엄은 무섭지만, 보는 것만으로도 바다는 충분히 아름답다. 해수욕장 안전요원도 퇴근한 시간이라 파도 소리를 들으며 정신을 차렸다. 비로소 주변이 보인다. 깔깔 서로 다정한 두 딸의 모습, 호텔 뒤로 붉게 물든 석양도 아름다웠다. 여덟 시가 한참 넘은 시간에도 친절하게 맛있는 식사를 내주시고, 김치전이 참 맛있다고 하자 또 구워 오신 다정한 여자 사장님이 내주신 통갈치 조림도 참 맛있었다. "지난주까지 폭우가 내려서 도로에 폭포처럼 비가 쏟아졌는데, 큰 비 피해 잘 오셨다"고 환대하시는 남자 사장님, 무심한 듯 가게 의자에 앉아 있다가 "맛있게 드셨어요? 우리 갈치 정말 맛있죠? 또 오세요"라고 말하는 사장님의 초등학생 아들. 바가지만 안 써도 좋겠다고 생각하고 방문한 식당에서 만난 따뜻하고 다정한 분들 덕분에 이번 여행 최고의 만찬을 즐겼다.

분명히 숙소에서 노트북을 켜고 청글넷 카페의 오글을 읽고 댓글을 달고 있었는데 눈을 떠보니 아침 7시 30분이다. 문틈 사이로 새소리가 들린다. 강의를 잘 끝내니, 제주의 아름다운 꽃과 길이 눈에 들어온다. 계절마다 다른 아름다운 제주, 멈추는 곳마다 아름다운 제주에서 정신을 차렸다. 며칠 사이에 단골 카페와 단골 슈퍼가 생겼다. 슬리퍼차림으로 재래시장을 다니는 제주의 일상을 경험했다.

집으로 오는 날, 제주공항으로 가기 위해 한라산을 넘다가 '제주마 방목장'에 잠시 멈췄다. 체험비를 내고 30분 말타기를 했던 아이들은 푸른 목장의 말이 친근하고 귀엽게 느껴진다고 했다. 매끈하고 근육이 잘 관리된 말만 보다가 배가 통통한 말을 보니 여유가 느껴진다. 행복한 먹방을 보며, 말은 일부러 낮은 울타리를 안 넘는 것이라는 결론을 내렸다. 저 울타리 안에 있어야 잘 먹고, 벌렁 누워서 쉬고, 보호받을 수 있다는 걸 똘똘한 말들은 이미 알고 있는 것 같다. 통통한 말들의 행복한 먹방을 한참이나 지켜보았다. 마음이 편안해졌다.

전국 곳곳 아름답지 않은 곳이 있으랴. 아는 만큼 보인다지만, 여유를 갖고 다가가니 더 잘 보인다. 멈추면 훨씬 더 잘 보인다. 불안감에 스스로 다그치고 바쁘게 살아왔던 나를 잠시 멈추고 제주의 하늘을 본다. 좋다. 행복하다.

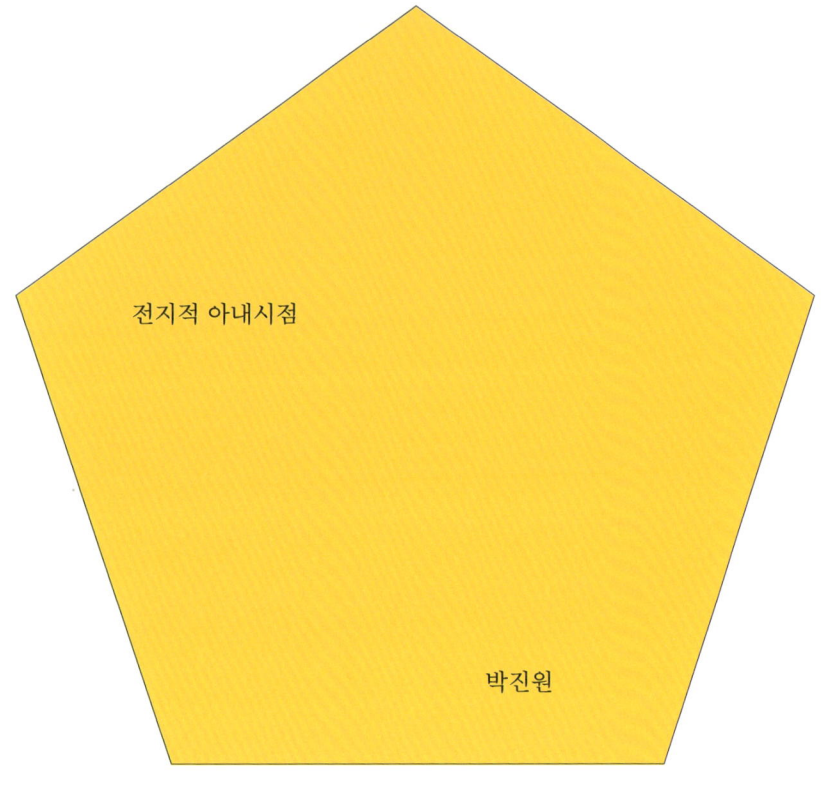

"내 배 봐봐. 많이 들어간 거 같지?"

"몰라. 로션이나 발라."

10시면 들어가서 자고 5시에 일어나는 남편, 나는 12시에 자고 5시에 살짝 깼다가 6시 30분쯤 졸린 눈으로 출근 준비를 해준다. 개 딸이 더워서 못 자는 요즘 나도 덩달아 수면의 질이 떨어져 아침엔 눈이 떠지지도 않는다. 조용히 도시락 챙기고 옷 입고 출근해도 될 텐데 내가 챙기지 않으면 머리도 감은 상태 그대로, 로션도 바르지 않고 나가버리니 챙길 수밖에 없다. 그리고 나는 다시 눕지만 잠은 깬 상태. 이게 불만은 아니다. 내가 하고 싶어서 하는 일이니까. 배가 들어갔다고 해줘도 될 일을 그 쉬운 말을 해주지 않아서 삐져가지고 출근을 했다. 해주려다 안 했다. 솔직히.

요즘 갑자기 "밀가루를 안 먹을 거니까 빵도 과자도 먹지 않을래."라고 하는데 화가 났다. 심지어 사이다, 콜라도 마시지 않겠다고 했다. 내가 수년간 먹지 말라고 그렇게 얘기를 할 때는 들은 척도 하지 않고 본인이 좋아서 마시더니 뭘 주지 말라고 하는 건지. 실컷 마라톤을 뛰고 와서 사이다를 마시는 게 정상인가? 아침에 일어나자마자 미지근한 물 마시고 씻으러 가라고 했는데도 빵과 커피를 먹은 사람이 누구지?

건강검진에서 '고지혈 경계'가 나왔다. "이상하다, 운동을 해도 생기나?" 이렇게 말을 하는데 어처구니가 없어서. 술, 담배를 하지 않으니 다 괜찮은 줄 알았나 보다. 나는 요즘 남성호르몬 과다 배출인지 *"배가 쏙 들어갔네."* 라고 칭찬 한마디 해주길 바라는 남편의 마음에 소금을 뿌렸다. 그렇다고 삐져서 나갈 일인가? 잠시 미안한 마음이 들어서 사과 문자를 보낼까 하다가 말았다. 도시락 정성껏 싸줬으니 됐다. 저녁에 들어와서까지 삐져 있으면 그때 생각해 보자 했는데, 모르는 척 말을 걸었더니 대답이 바로 나왔다. 이것도 채소 가득 도시락의 효과인가?

"아빠, 배 봐봐. 어때? 빠진 거 같지?"

"원래 그만큼 나온 거 아냐?"

"자세히 봐봐."

"힘 줘봐."

"잉차!"

"힘 빼봐."

"휴~"

"다시 힘줘 봐봐!"

"흡!"

(이쯤에서 화를 내야 되는데, 왜 참고 있지?)

"힘 빼봐. 진짜 빠졌네?"

(한껏 기뻐하며) "그지? 아빠 배 엄청 빠졌어."

화를 전혀 내지 않으며 배에 힘을 줬다 뺐다 하는 모습을 보니 역시 야채 가득 도시락은 과학적으로 효과가 있어 보인다. 증명이 되었으니 이젠 아들도 먹여야겠다. 나의 참을성에 쉽지 않은 도전이 될 것 같은데. 내가 먹고 갱년기 화를 줄이는 게 더 빠를까? 오늘 오랜만에 아들하고도 누구 목소리가 큰지 배틀을 했다. 참다 참다 폭발을 하니 말이 꼬이고 난리도 아니었다. 목소리라도 커야 이 상황에서 주도권을 잡을 것 같아서 언성을 높이다가 마음만 상했다. 이로써 야채 도시락은 싸는 사람은 화가 늘어나고, 입으로 들어가면 화가 줄어든다는 사실이 증명됐다. 누구 도시락 싸주실 분 어디 안 계세요?

문디. 결혼을 잘한 덕에 매일 자기를 관찰하는 부인을 두었다. 감시 아니고 관찰, 간섭 아니고 챙김, 잔소리 아니고 성냄. 하느님이 남편을 만드실 때 눈치는 아예 넣지 않으신 건지 말을 하지 않으면 모르는 사람이다. 허당이 아닌 호구도 아닌 어휘력 부족이라 남편에게 딱 맞는 단어를 찾을 수가 없다. 굳이 찾는다면 '하느님께 서운함'이랄까.

남편이 내가 이렇게 본인의 일거수일투족 안에서 꼬투리를 잡아 글을 쓴다는 걸 안다면 싸우자고 할지도 모른다. 물론 남성호르몬 덩어리인 내가 이기겠지만 말이다. 내 이야기를 어디 구석진 SNS에 올린 걸 발견한다면 어떤 기분일까 상상해 보니 이해해 줄 것 같지는 않다. 쓰고 보니 이러나저러나 결론은 내가 이기는 거니까 고민은 하지 않아도 되겠다. 난 역시 굉장히 논리적이야. 늘 과학적인 나는 이제부터 더더욱 채소의 양을 늘려서 남편이 더 많이 섭취하게 해야겠다. 3분의 1은 토마토, 3분의 1은 양배추 등 다른 야채, 그리고 나머지 3분의 1은 닭 안심구이 등 단백질 종류로 준비해보자.

아침에도 자발적인 야채 섭취로 점점 초식동물이 되고 있는 남편. 다이어트와 중력의 영향을 받아 얼굴에 주름이 깊어지는 것이 부작용이지만 나보다 나이 들어 보여줘서 고맙다. 난 동안과 더러운 성질 유지를 위해 오늘도 내일도 질겅질겅 고기를 씹겠다.

에피소드는 왜 계속되는가

박진원

어젯밤부터 천둥과 번개가 비를 몰고 오더니 아침까지 우중충한 날씨. 오전에 여유롭게 빨래 한번 돌리면서, 몇 장 안 남은 반납할 책을 읽고 있었는데. *"머 해?"* 맞춤법이 틀린 건지 사투리를 그대로 적은 건지 초식 남편한테 문자가 왔다. 택배를 받으라고 하는 건가? *"왜?"* 손가락의 실수로 느낌표 대신 물음표가 눌러졌다. *"왜!"* 이러고 싶었는데. *"아파서."* 배가 많이 아프니 데리러 올 수 없냐고 했다.

남편 사무실은 분당. 갈 테니까 병원에 먼저 다녀오라고 하고 서둘러 빨래를 마저 널었다. 빈속이라 생수 한 병, 파이 두 개를 챙겨서 출발했다. 문자에 *"변비 걸린 듯"* 이 부분을 신경 썼어야 했는데, 배 아픈 정도를 말하는 줄 알고 변비 쪽은 전혀 생각지도 못했다. 얼마나 아프기에 데리러 오라고 할까 싶어서 운전하는 내내 걱정에 걱정이 더해지기 시작했다. 반 정도 갔을까, 전화가 왔다. 지금 수내역N화장실인데 아직 출발하지 않았으면 영통 쪽으로 와달라고 하는 남편의 목소리는 내가 언제 아팠냐는 듯 아픔과 고통을 벗어난 톤이었다. '우리 붕붕이가 드론인가! 날개가 펼쳐져 고속도로를 벗어나 수원으로 가기만 하면 되는 거지?' 그제서야 '변비'가 사실이었음을 감지했다.

30분쯤 후, 가벼워진 남편을 성공적으로 픽업해서 집으로 오는 길. 초식 더하기 여성호르몬이 장착된 남편은 변비와 고군분투한 이야기를 시작했다. *"단백질을 너무 많이 먹어서 그래."* 이 한마디 내뱉었다가 귀에서 피가 나는 줄 알았다. 공감 능력이 없다는 둥, 많이 아프지 않았냐고 물어보지도 않는다는 둥, 남성호르몬이 나오더니 답을 찾고 있다는 둥. 이 남자 이렇게 말이 많은 사람이었는지 이제야 깨닫게 됐다. '밥 묵자', '아는?', '자자' 이 세 마디만 할 줄 알았던 경상도 남편이 도대체 왜 이러는 건지.

"앞으로 물 많이 먹어. 푸룬도 사다 놔야겠네. 토마토 주스 매일 갈아줄게." 머릿속에서 잘 정리하고 포장해서 최대한 곱게 언어 전달을 해보았다. 운전해주고, 잔소리 들어주고, 예쁜 언어까지 쓰는 내가 낯설다. 미안했는지 백 만년 만에 설거지를 하더니, 이번 주 변비 때문에 재택이라고 백치미 가득 한 얼굴로 말을 하는데. 참을 忍자가 끝없이 머리 위를 맴돌았다.

연일 열대야로 밤에 잠을 설치고, 부동산에서 집을 보러 와서 괜히 마음까지 분주했다. 그래도 남편의 야채 빵빵 도시락은 빼놓지 않고 싸느라 12시 넘어 잠자리에 들었다. 오늘 화요일. 아무 일 없이 남편은 출근을 했고 폰을 보다가 이러면 안 되지 하고 책을 펴는 순간 바로 잠이 들었다. 무슨 소리가 나서 눈을 희끄므레 떴는데 꿈인가? 개뿔. 꿈은 무슨 꿈! 단잠은 30분으로 끝나버리고 내 눈앞엔 괜히 더운 척 하며 신발을 벗는 남편이 선명하게 보였다. 13일의 금요일보다 더 무섭다는 매주 화요일 '재택 트라우마'. 광역버스가 오늘따라 계속 만차여서 몇 대를 놓치고, 더운데 열 받아서 집으로 왔다고 당당하게 말을 하는 채식 남편. 그 순간 오만가지 생각과 나쁜 말이 머릿속에 가득 찼지만 아파서 돌아온 것이 아니고, 직접 버스 타고 와주었으니 참았다.

내가 심신의 안정을 취하는 동안 남편은 나 모르게 시킨 쿠팡의 여러 가지 물건들을 조용히 정리하고 있었다. 요즘 부쩍 주방에 머무는 시간이 많아지는 게 수상했지만 남편이 사들인 물건을 발견하면 잔소리 폭풍이 시작될 것 같아서 모르는 척하고 있다. 궁금했지만 참아야 한다. 참아야 한다.

"우리 집에 올리고당 있어?"

"우리 집에 베이킹 뭐더라? 소다인가? 있어?"

아니 평생 입에서 한 번도 나오지 않던 단어가 두 개씩이나 나오는 이유는 뭐지?

"있어! 왜?"

"글쎄 밀가루 없이 빵을 만들 수 있더라고. 나도 이제 빵을 먹을 수 있어~."

그렇게 말하는 채식 남편 손엔 스텐 볼과 숟가락이 들려 있었고, 볼엔 무엇인가 찐득한 것이 마구 섞여 있었다. 아니 자세히 말하면 숟가락으로 열심히 무언가를 섞고 있었다. 베이킹 소다를 넣을 차례였나 보다.

"이것 봐봐~ 그럴싸해 보이지?" 이 남자 '이것 봐봐 트라우마'까지 만들 셈인가. 착하디착한 나는 베이킹 소다를 찾아 넣어주고, 그 반죽을 넣을 빵틀도 챙겨서 기름칠까지 해주는 사랑을 보여주었다. 사랑이 아니고 이걸 뭐라고 하는 게 좋을까. 더 상위단어가 필요한데 뇌가 멈췄다. 그사이 채식 남편은 부스러기까지 싹싹 긁어 빵틀에 반죽을 곱게 채워서 오븐에 입장시켰다. 이사 온 지 20년이 다 되어 가는데 오늘 처음 오븐 작동법을 궁금해 하는 참다운 남편.

30분 후 남편이 만든 최초의 빵이 완성됐다. 집안에 구수한 냄새가 구석구석 퍼지고 남편 말대로 모양은 그럴싸하게 나왔다. 비록 빵틀에 들러붙어서 깔끔하게 떨어지지 않았던 것이 흠이지만 내가 봐도 괜찮은 모양이었다. 얼굴에 한가득 미소와 함께 한입 베어 먹는 모습이라니. *"맛있다!! 먹어봐."* 너그럽고 너그러운 나는 쪼금 떼어 맛을 보았다.

'왜 이리 건더기가 큰 거지?' 씹으면서 재료의 정체를 알게 됐다. 오트밀을 불리지도 않고 넣다니 이빨 다 나가는 줄. '임플란트 없고 튼튼한 내 이빨 부러워서 이러는 거야?' *"이거 꼭꼭 씹어 먹어야겠다. 소화가 잘 안 될 것 같아. 걱정돼."*

나의 이빨을 시기하는 남편의 위장을 걱정하는 나란 사람.

전쟁터 같은 주방을 뒤로하고 일하러 다녀왔더니 웬일로 남편은 설거지까지 해 놓았다. 밀가루 비슷한 것을 먹은 부작용인가. 야채의 효과인가. 갑자기 남편이 요리를 나보다 잘하는 야무진 꿈을 꿔보고 싶어진다. 그러려면 질 좋은 풀을 더 많이 공수하는 것뿐만 아니라, 남편이 시도하는 이상한 요리를 너그럽고 온화한 표정과 함께 상냥한 말투로 맛있다고 해주어야 한다.

괜찮.아.나.는 할,수.있.다.할.수 있…

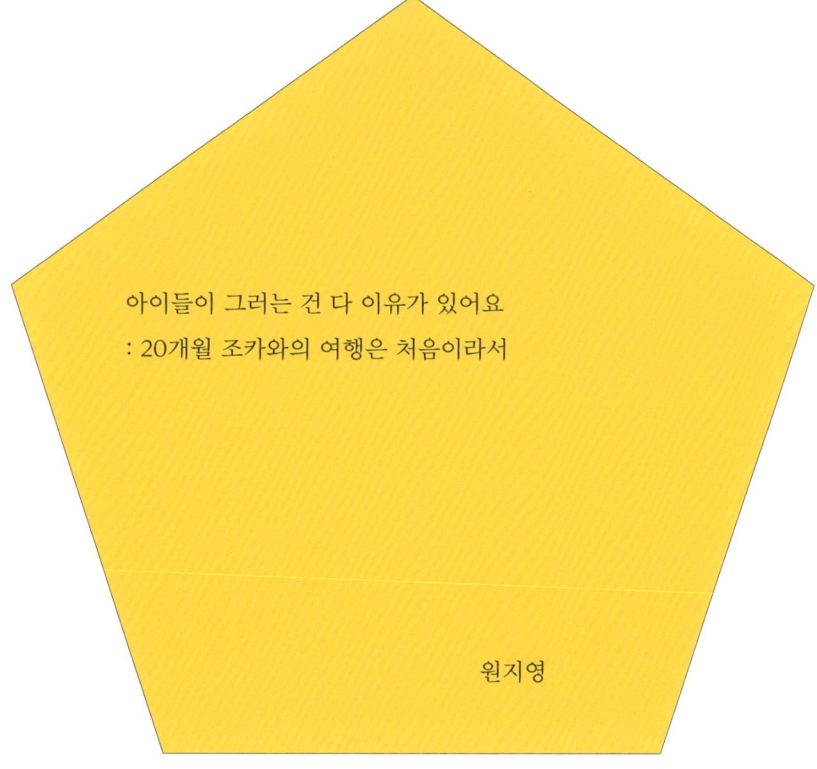

아이들이 그러는 건 다 이유가 있어요
: 20개월 조카와의 여행은 처음이라서

원지영

얼마 전 가족여행을 갔다. 거의 8년 만의 가족여행이어서 우당탕 준비해서 가게 된 여행이었다. 이전의 가족여행과 달라진 점이 있다면 나와 언니가 커버려서 전엔 졸졸 부모님을 쫓아다니는 여행이었는데 이제는 나와 언니가 끌고 가는 여행이 되었다는 것, 새로 온 식구인 조카가 가족여행 멤버에 추가된 것! 형부에게 쉼을 주는 겸 우리 가족이 조카와 동반 여행을 하게 되었다.

조카는 갓 20개월 된 아기여서 여행이 난생 처음이었다. 우리 가족도 아가와 함께 하는 여행은 처음이었다. 모든 게 조카 위주로 여행이 진행됐다. 아기가 놀러 가기 좋은 곳, 펜션도 키즈 펜션, 노키즈존이 아닌 카페, 아기 의자가 있는 식당 등등. 노키즈존을 의식조차 해본 적 없는 나는 어딘가를 가려면 무조건 노키즈존인지 아닌지 찾아봐야 하는 이 계획적이고 철저한 사전 조사가 필요한 아가와 함께하는 여행에서 양육자의 고충을 깨닫고야 말았다. 아가와 함께 하는 여행의 필수 요소는 핑크퐁 노래가 흘러나오는 차, 아가의 울음소리에 대비한 뽀로로 영상, 아기 의자가 있는 곳을 찾아 헤매는 여행지라고 볼 수 있겠다.

여행 중, 전망대 관람과 모노레일 탑승을 위해 화개정원을 들렀다. 우리 가족 모두 20개월 아기가 가기에 적당한 환경인지 철저히 조사해 보고 가게 된 곳이다. 자신 있게 표를 끊고, 모노레일 탑승 예약 시간을 기다리는 동안 식사를 하고 인생네컷 사진도 찍은 뒤, 질서 있게 줄을 서서 기다리고 입장 시간에 맞게 모노레일에 탑승했다. 모든 것이 계획대로였다. 미션 완수! 모노레일에 편하게 앉아 쉬며 평탄하던 여행코스가 순조롭게 이어지고 있다고 생각하던 그때, 조카가 꽥꽥 소리를 지르기 시작했다. 데이터에 의하면 대체로 심심하거나 지겨울 때 조카는 갑자기 소리를 빽-지르곤 했다. 우리 언니는 조카에게 *"공공장소에서 그러면 안 돼"*라며 타일렀지만, 조카의 목소리는 점점 커졌고, 급기야 우리 언니와 내가 번갈아 가며 조카의 입을 손으로 막아야만 했다. 우리 말고도 다른 가족 한 팀이 타고 있어 진땀이 뻘뻘 났다. 조카를 안고 있는 언니가 제일 곤란했으리라. 그러다 좀 더 강도 있게 이야기해야 알아들을까 싶어 문득 언니에게 안겨있어 잘 보이지 않았던 조카의 얼굴을 들여다보았는데 아뿔싸…. 묘하게 겁에 질려 있는 조카의 표정을 보고 헉! 하고 말았다. 시속 10km로 매우 느리게 가고 있어 그다지 무섭지 않다고 생각했는데 모노레일의 경사가 꽤 가팔라서 곧 떨어질 것 같다고 느낀 모양이었다. "조카야, 무서워서 소리 지른 거였어?"하고 손으로 눈을 가려주었다. 언제 그랬냐는 듯 소리는 지르지도 않고 얌전히 자기 눈을 가린 내 손을 꼭 붙들고 종착지까지 갔다. 중간중간에 손가락 사이사이를 벌려주며 살짝씩 풍경을 볼 수 있게 해줬더니 내가 원했던 게 이거야 싶은 표정으로 까르르 나를 향해 웃어주었던 조카였다. 순식간에 공공장소에서 그저 말썽 피우는 조카에서 무서운 데 20개월이라 말도 하지 못하고 어른들이 맘도 몰라준 안타까운 조카가 되어 모노레일에서 내려 둥가 둥가를 받은 조카. 무서웠지만 재밌었는지 모노레일에서 내려서 한참을 승강장에서 떠나지 못하고 모노레일을 구경했다. 차로 돌아가는 길, 아가와 함께 하는 여행이 처음이라 20개월 아기에게 모노레일이 무서울지도 모르고 냅다 태웠던 우리 가족은 머쓱해하며 "아까 무서워서 소리 지르는지도 모르고 입 막아서 미안해 조카야~"라고 일동 사과를 했다. 조카는 우리가 무슨 말을 했는지도 모른 채 신나서 까르르 주차장에 세워진 우리 차를 향해 도도 달려갈 뿐이었다. "이럴 때 보면 어른들이 나쁘다니까?", "말도 잘하는 어른들은 아이 맘도 몰라주면서 큰소리쳐놓고 말도 못 하는 아기들은 어른들이 화내도 뒤끝도 없이 마냥 좋잖아."라는 대화를 하며 우리 가족은 허허 웃고 말았다. 나는 내심 나중에 조카가 말을 잘하고 잘 알아들을 때가 되어 조카 맘도 모르고 우리가 막 혼내서 큰 상처를 주면 어쩌나 싶은 생각도 들어 괜히 섬찟했다. '울거나 화를 내는 걸 그저 생떼로 치부하는 무심한 어른은 되지 말아야지.' 생각하게 된 여행에서 청소년 활동을 하며 만나는 아이들에게 나는 어떤 자세로 대화하고 있는지 돌이켜 보는 시간을 만났다. 활동에 참여하며 '내가 잘하지 못해서 선생님이 날 안 예뻐하면 어쩌지?'와 같은 두려움을 느끼는 아이들이 두려움을 표현하는 법을 몰라 어쩔 줄 몰라 하는 모습을 하나의 말썽거리로 취급하고 몰아세웠던가. 그날따라 유독 심술 난 채 활동하며 불평불만을 늘어놓는 아이들이 알고 보니 부모님께 혼난 일 때문에 속상해서 위로받고 싶었는데 활동 중이라는 이유로 위로를 해주지 못하고 활동을 빨리 마쳐야 한다고 재촉했던가. 아이들이 그러는 이유에 대해 나는 한 번 더 고민한 적이 있던가. 20개월 조카를 통해 그동안 마음을 어루만져 주지 못했던 여러 아이의 얼굴이 지나갔다. 활동을 수행하는 것에 집중하느라 내가 외면해 왔던 아이들의 마음에 미안해졌다. 다음 활동 때, 이유 모를 아이들의 행동을 만나면 20개월 조카에게 해줬듯 물어보련다. "아이야, 그럴 수밖에 없었던 이유가 있다면 알려줄래?"

햇살 드는 동네이야기(2)

그녀들의 외출

한신희

한낮의 햇살은 눈부시고 따뜻한데 살균과 소독, 사람 몸에 비타민 생성도 돕는 효과가 있다. 가장 큰 장점은 해가 나오면 한 분 두 분 밖으로 나오신다는 거다. 사람 이야기꽃이 핀다.

문자 할머니는 금천구 시흥동에서 태어났다. 지하에서 봉제 일로
두 아들을 홀로 키워냈다. 어느 날은 놀라운 사실을 알게 됐는데
자신이 일하는 동네와 신도림이 평생 그녀의 이동 동선이었다.
단 한 번도 그 밖을 나와 보지 못했다. 여행을 가본 적도 없이
60이라는 나이가 되어버린 여자다. (아들도 어지간하다. 엄마 좀
모시고 여행도 한번 다녀도 되는데.)

또 한 여자가 있다. 미용실 옆집 할머니다. 남편의 도박과 바람기에
자포자기하고 싶었지만 도망쳐 나와 두 아들과 사느라 식당
찬모로 일하며 사고로 손가락 두 개를 절단했다. 절망하지 않고
살아낸 나이 70세.

수다를 떨다가 한참 보이지 않던 이층집 할머니가 지나가신다.
누가 묻지도 않았는데 딸이 가자고 꼭 가자고 졸라서 비행기 타고
제주도를 다녀왔다고 흘리셨다. 볼 것이 그렇게 많고 바다가 눈에
다 담을 수 없이 시원하다고. 이제 마지막이지 뭐, 라고 말씀하시고
가셨는데 듣고 계시던 할머니 두 분은 말은 안 했으나 부러움이
그득한 눈이다. 뭐가 묻지도 않은 다리를 털며 *"저 집은 딸이 있어
좋아"* 하시더니 대뜸 내게 제주도 가 봤냐고 물으신다.

나는 가봤다는 말 대신 할머니들께 물었다.

"비행기 타고 싶으시구나! 우리 제주도 갈까요?"

이 질문은 우리를 제주도로 이끌었다. 아이같이 두 손 모으며
환호하며 드디어 제주도를 가게 되었다며 이미 가는 것이
되어버렸다.

노령의 두 분과 여행을 계획해야 했기에 많은 준비가 필요했다. 내
주머니 사정도 넉넉지 않던 시기였다.

새벽잠 없는 두 분이기에 다행스럽게도 비싸지 않은 티켓을
구하고 할머니들 건강 상태를 고려해 공항 근처 숙소를 잡았다.
교류 업무하던 전문성을 살려 일정을 말씀드리던 날 쏟아지는
질문들. 질문 중 비행기 멀미약을 먹어야 하는지, 도시락을 싸야
하는지, 타는 말이 그렇게 많은지 등 질문의 시간을 마치고
지금부터 건강관리를 잘 하자며 가는 날까지 희망에 부풀어 내내
행복해하셨다.

그녀들이 태어나 처음으로 여행길에 올랐다. 들떠서 잠을 못
잤다고 했다.

약속 시간 버스정류장에 나온 그녀들을 보고 놀라지 않을 수
없었다. 너무 화려한 꽃무늬 옷이랑 손과 귀엔 집에 있는 모든
장신구를 다 달고 나온듯했다.

무거워서 비행기 못 뜨겠다고 했다.
눈이 부셔 함께 못 다니겠다고 했다.

제주도로 가는 비행기가 서서히 하늘로 올라갈 때 문자 할머니는 혼자서 *"뜬다, 뜬다!"*를 연신외치셔서 주위를 미소로 번지게 했고 나는 옆의 옆자리에 앉아 *"비행기는 처음이시라서요"*라며 보호자다운 답변을 했다.

우리가 간 날은 제주도가 수국으로 아름다웠다. 더웠으나 두 분은 더 가자고, 더 보자고 했다. 하나도 안 힘들다고 하는데 입가에 허연 것이 껴있다.

짧은 제주도 여행이었지만 두 분에게 좋은 추억 하나 생겼다. 비행기를 타본 사람으로 구름을 뚫은 자가 되어 동네에서 어찌나 하늘을 나는 기분을 길게 설명하시던지 참 잘 다녀왔다 싶었다.

앞으로는 그녀들의 외출이 잦아지는 환경이면 좋겠다.
그녀들의 장신구가 줄어도 충분히 빛나길!

아! 행복했으면 좋겠다!

'공세권'에서 만난 다양한 행복

안순화

우리 집은 '공세권'에 있다. 많이 사용하는 '역세권'이라는 단어처럼 일상적으로 공원을 이용하는 주변 거주자가 분포하는 범위라는 뜻으로 우리 딸이 만든 신조어다. 집 근처에 작고 귀여운 공원을 지나갈 때면 운동기구에서 한 번이라도 운동을 해주는 것이 예의라며 그냥 지나치지 않는다. "작은 공원이라도 있으니 얼마나 좋냐?" 하며 우리는 공세권에 산다고 농담하곤 한다.

최근 우리 집 뒤편에 있는 동산에도 새로운 공원이 생겼다. 퇴근 후 저녁을 먹고 뒷동산 공원 둘레길에서 운동을 한다. 산은 오르막길 내리막길이 있어 평지를 걷는 것보다 운동 효과가 크다. 가장 가파른 오르막 언덕에서는 일부러 뛰어 올라간다. 족저근막염이 있어서 발을 앞뒤로 젖히는 효과가 크다고 느끼기 때문이다. 숨이 가빠지고 얼굴이 새빨개지며 옷이 젖을 정도로 땀을 많이 흘린다. 진짜 운동을 한 것 같은 느낌이 들어 기분이 좋다.

　사람들이 산 둘레를 산책하고 운동해 자연스럽게 길이 난 작은 동산에 공원이 조성되어 안전하게 다닐 수 있게 됐다. 두 명 정도 나란히 걸을 수 있는 폭으로 그중 반은 바닥에 깔개를 깔아놓아 미끄러지지 않도록 했다. 경사진 곳엔 나무로 미끄럼 방지 턱을 만들었고 길 양쪽으로는 꽃이 피는 여러 가지 나무를 심어 놨다.

　걷다 보면 다양한 사람들을 만나는데 눈살 찌푸리게 하는 사람들이 있다. 사람들은 각자 선호하는 방향으로 도는데, 나는 가장 가파른 언덕을 내려가는 것보다 올라가는 것을 더 좋아해 시계 방향으로 돈다. 시계 반대 방향으로 도는 사람과 한 바퀴에 두 번을 만난다. 그러다 보면 길 하나에 두 명이 교차하기 때문에 한 방향에 한 사람만 지나가야 한다. 두 명이 나란히 서서 대화하며 걷다가 앞에 마주 오는 사람이 있으면 한 줄로 걸어야 하는데 사람을 보고서도 비키지 않아 몸의 방향을 옆으로 틀면서 지나가야 한다. 한 번이면 이야기에 집중해서 그런가 보다 하겠는데 그렇지 않다. 또 강아지와 나란히 걷다가 마주 오는 사람이 있으면 강아지 목줄을 끌어당기든지 자기가 강아지 쪽으로 가야 하는데 아무런 조치도 하지 않아 강아지를 피해 지나가야 한다.

　하지만, 기분 좋아지는 사람들이 더 많다. 사람들은 흙이 있는 쪽으로 걷는데 대부분은 마주 오는 사람을 배려해 흙이 아닌 자리가 깔린 길로 먼저 비켜 걷는다. 모르는 사람들이 서로 비키려고 하다가 같은 방향으로 비키는 상황에 서로 웃으면서 지나가기도 한다. 배려 없이 자기들 좋은 대로 걷는 사람을 보다가 이런 사람들을 만나면 기분이 좋다.

　괜히 걱정되는 사람도 있다. 뒷산 둘레길 도로는 흙이라서 맨발로 걷는 사람들이 있다. 건강한 사람이면 모르겠는데 발이 아파서 절뚝거리며 걷는 한 아주머니가 딱딱한 흙바닥을 걷는다. 아주머니뿐만 아니라 맨발로 걷는 사람들이 많은데 아파 보이는 사람들이 있다. 맨발로 흙을 밟는 것이 건강에 좋다는 것은 알지만 발바닥이 아픈 사람은 아무리 흙이라도 딱딱한 바닥을 걸으면 좋지 않을 것 같다. 나는 가벼운 교통사고로 허리를 다치면서 발이 아프기 시작했다. 족저근막염 때문에 딱딱한 바닥을 맨발로 서 있으면 발뒤꿈치가 몹시 아프다. 그래서 신발도 푹신한 것만 신어야 하고 힐은 당연히 못 신는다. 내가 아프니 맨발로 걷는 사람들이 아파 보인다.

 훈훈한 모습과 재밌는 모습도 보인다. 한 부부는 아내가 허리 보호대를 차고 맨발로 천천히 걷는데 남편이 뒤에서 걸음을 맞추어 천천히 걷는다. 아내를 위해 보호자로 나온 것 같아서 보기 좋았다. 부부인지 남매인지 모르겠지만 어떤 덩치가 있는 남녀는 운동복 차림으로 나와 걷다가 어느 순간 안보이더니 한참 후 길옆에 만들어 놓은 휴식 공간의 테이블에 앉아서 치맥을 먹고 있다. '운동했으니 먹어야지' 하는 마음인가? 동질감에 속으로 웃었다.

 운동하는 한 시간 동안 의미 있게 보내고 싶은 마음에 이어폰을 끼고 강의를 듣기도 하고 어떤 날은 아무 생각 없이 내가 좋아하는 '산들'의 노래를 듣기도 한다. 어느 날, 이어폰을 빼니 숲의 소리가 들린다. 여러 풀벌레 소리와 산 아래의 자동차 소리도 들린다. 이어폰을 끼고 있을 때는 전혀 느끼지 못하던 숲의 향기도 난다. 그만큼 이어폰으로 들리는 소리에 집중했나 싶다. 누가 리코더를 부는데 '솔'(정도) 음만 계속 반복한다. '누가 이 밤에 리코더를 이렇게 크게 불지!' 했는데 새소리였다. 1초에 한 번씩 일정하게 '솔 솔 솔 솔 솔' 한다. 어떤 새일까 궁금하다. 산에서 내려왔는데 리코더 부는 소리가 산속보다 더 크게 들린다.

 뒷동산에서 운동하면 효과도 크고 건강해지는 느낌이 든다. 또 운동하면서 만나는 둘레 길의 사람들과 숲속 풍경, 숲의 소리를 보고 들을 수 있어 참 좋다. 강의도 좋고 노래도 좋지만, 운동하는 시간만큼은 자연이 주는 즐거움을 만끽하며 걸어야겠다. '공세권'에서 사는 행복을 맘껏 누려야겠다.

이성에 관심 없는 딸들
한국 사회에서 여성의 현실

안순화

나는 이 세상에 태어나서 할 수 있는 것은 다 해보고 가면 좋겠다고 생각한다. 안 하고 후회하는 것보다 하고 후회하는 것을 선호한다. 우리 딸들이 결혼이나 출산은 하지 않더라도, 이성 교제는 해봤으면 좋겠다. 이성과 깊은 사랑을 해보면 자신을 더 사랑하고 사회에 함께 사는 타인을 위하는 마음이 더 커질 것 같다.

큰딸이 초등학생 때는 좋은 엄마가 되겠다고 했지만, 우리나라에서 여성이 결혼해 아이를 낳고 키우는 것이 얼마나 힘든 일인지 알게 된 중학생 이후로는 결혼하지 않겠다고 한다. 작은딸도 마찬가지다. 그때는 '조금만 더 크면, 남자 친구를 만나면서 생각이 달라질 거야'라고 생각하며 넘겼다. 그런데 성인이 되어서도 이성에 전혀 관심을 보이지 않고 있다.

어느 휴일, 할 일이 있어 둘째와 함께 카페에 갔다가 갓난아기를 데리고 온 가족을 보며 이야기를 나눴다.

"저 아기 좀 봐."

"갓난아기 머리숱이 어떻게 저렇게 많지? 새까매."

한참을 보고 있다가,

"나도 갓난아기 안아보고 싶다."

"엄마도 손주를 안아보고 싶어."

"그럴 일은 없어!"

"엄마도 손주 안아볼 기회를 줘."

"나도 아기 안아보고 싶어. 그런데 내 아기는 아니야. 아기를 안아보고 싶지만, 아이를 키우고 싶지는 않아."

"쳇."

아기를 보고 대화를 나누다 보니 이런저런 생각이 떠올랐다.

영상으로 본 어느 교수님의 강의에 의하면, 히틀러를 존경한 루마니아의 한 지도자가 모든 보육원에 명령을 내렸다고 한다. 모든 병이 어른에게서 아이에게로 옮겨질 수 있으니 절대 아이를 안아주지 말라고 했다. 전쟁으로 인해 나라의 재정이 어려우니 아기들이 병들면 안 된다는 것이다. 이후 아기들은 어느 정도 능력이 있는 가정에 입양이 됐다. 이야기들이 성인이 되어 어떻게 자랐을지 추적해 조사했는데 충격적인 결과가 나왔다. 형제나 가족들에게 상해를 입히거나 부모를 죽이기까지 한 경우가 많았다. 후천적인 사이코패스가 된 것이라고 했다.

엄마와 딸의 관계를 연구한 우리나라 학자에 따르면, 부모님 살아계실 때 사이가 좋지 않았는데 평생 죽을 때까지 부모님이 생각나고 부모님만 생각하면 눈물이 나는 이유는 정서적 애도가 아직 끝나지 않아서 그런 것으로 아기 때 안고 업고 키워 애착 관계가 좋기 때문이라고 한다. 안아주지 않고 만져주지 않은 아기들은 사이코패스가 되었지만, 바닥에 내려놓지 않고

품 안에서 키우는 우리나라는 다른 나라보다 상대적으로 사이코패스가 적다고 한다.

'저 아기는 지금 할머니가 안아주고 집에 가면 부모가 안아주니 따뜻한 사랑이 있는 어른으로 성장하겠지', '저렇게 예쁜 아기를 어떻게 사이코패스로 키울까?' 하는 생각들이 꼬리를 물었다.

우리 아이들이 결혼해서 아이 낳고 살아봤으면 좋겠다는 생각 때문에 딸이 보인 단호한 반응에 서운하기도 하다. 그러나 굳이 아이를 태어나게 해 지옥 같은 입시전쟁을 겪게 하고 험난한 사회 속에서 살도록 하는 것이 좋은 일인가 싶기도 하다.

아이들이 결혼하지 않겠다고 말할 때, 내 나름의 논리로 설득하려 했었다. "결혼해서 사랑하고 사랑받아 좋을 때도 있지만 나와 뇌 구조부터 다른 남자와 살다 보면 부딪히고 싸우고 갈등하면서 아플 때도 물론 있어. 그래도 양보하고 배려하고 사랑하다 보면 더욱 성숙해지고 지혜가 생기는 거야. 아이를 키우면서 부모로서 또 어른으로서 어떻게 살아야 할지 고민도 하고…."

"왜? 이 힘든 세상에서 굳이 그렇게 어렵게 살아야 해? 엄마가 이렇게 사랑을 해주는데 굳이 왜 남자한테 사랑을 받고, 사랑을 해야 해?" 말문이 막혔다.

이성에 관심이 없다는 딸들의 태도가 단순한 개인적 선택이 아니라, 이 시대 여성들이 직면한 사회적 현실을 반영하고 있다. 여성만 그런 것이 아니라 주위에서 보면 남성도 결혼을 하지 않겠다는 사람이 늘고 있다. 자식을 낳아 키우기 어려운 현실과 환경이 큰 부담으로 작용해 아예 결혼 생각을 하지 않고 교제도 피하는 것 같다. 이러한 어려운 환경이 변화해, 우리 사회에서 모든 사람이 고민 없이 사랑하고 결혼하고 아이 낳고 사랑과 존경 속에서 살아갈 수 있는 날이 오기를 바란다.

145

4.

자아

나이는 숫자를 넘어

나를 스스로 만든 틀에 가두지 말자

김영희

지난 주말, 초등학교 동창 모임이 있었다. 코로나 이전엔 1년에 한두 번씩 모였었는데, 코로나 이후 이번이 첫 모임이었다. 3년 만인지, 4년 만인지 모르겠다. 오랜만에 만나니 나눌 이야기가 참 많다. 다들 어떻게 지냈는지, 그동안 별일은 없었는지, 코로나 때 결혼 한 친구의 신혼생활은 어떤지 등등 이야기를 나누다 보니 모두의 공통점이 하나 있다. 그동안 크든 작든 아프지 않았던 친구가 거의 없었다는 것이다. "어휴!" 이참에 우리는 옛말에도 있는 '병 자랑하기 대회'를 열었다.

어지럼증 때문에 너무 힘들었던 친구.

오십견으로 어깨의 회전반경이 아직도 나오지 않는 친구.

갱년기로 마음이 좋았다가 우울했다 확 열이 났다가 갑자기 오한이 나는 친구.

허리 디스크 때문에 고생하는 친구.

혈압과 당뇨가 조절되지 않아 약을 먹는 친구.

이 나이에 두 팔이 골절되어 아직도 회복 중인 나 등등 끝이 없다. 그러고는 모두 자기만의 경험을 내놓는다.

"나도 그랬는데, 너도 그렇구나."

"OOO을 했는데, 효과가 있더라."

"나도 한 일 년은 넘게 고생했던 것 같아."

"이 병원 저 병원 좋다는 데는 다 다녔는데, 어떻게 나았는지 기억이 안 나."

"걸핏하면 눈물이 나서 남들 보기에 민망해 죽겠어."

"아로마 오일을 사용하고 있는데 좋더라."

"우리 나이에 운동은 기본이고 근육을 키워야 해. 난 1년 전부터 러닝 하고 있어."

"운동으로만 조절하려 하지 말고, 적극적으로 약을 챙겨 먹는 것도 방법이야."

"우리 나이에 골절은 치명적이야. 무엇보다 다치지 않는 게 상책이야."

이후, 식사하는데 예전보다는 확실히 줄어든 양이 표가 날 정도다. 대화 내용도 식사량도 약간 서글퍼진다. 열세 살 초등학교 6학년 때 만난 우리가 40년이 지난 지금 병 자랑하기 대회를 하고 있다니…. 그때는 시간이 이렇게 흘러, 이런 이야기를 나누고 있으리라고 상상이나 했을까? 야속한 세월이 믿어지지 않는다. 지금부터 시간이 더 흘러 60대가 되고, 70대가 되면, 우리는 또 어떤 이야기를 나누고 있을까? 어쩌면 50대는 팔팔했었다고 그리워하며, 이야기하고 있지는 않을까?

미국에서 '시계 거꾸로 돌리기'라는 실험을 했다. 75~80세 노인을 대상으로 그들이 50대 후반일 때의 생활환경으로 돌아가 당시처럼 생활하게 하는 실험이었다. 일주일간의 실험을 마친 후 이들은 더 건강해지고, 더 활발하게 움직이고, 새로운 도전을 할 수 있는 사람이 되었다고 한다. 우리나라에서도 이와 비슷한 '황혼의 반란-한국판 시계 거꾸로 돌리기'란 실험을 했는데, 비슷한 결과가 나왔다고 한다. 이는 우리의 나이와 신체에 문제가 있는 것이 아니라, 나이와 신체에 대해 자신을 한계 짓는 사고방식 때문이며, 이런 생각을 조금만 바꾸면 나이도 몸도 젊게 바뀔 수 있다는 것을 보여준 실험 결과다.

맞다. 오늘이 내 생에 가장 젊은 날이고, 가장 건강한 날이다. 나 자신을 스스로가 정한 생각의 틀과 방식에 가두지 말아야 한다. 지금의 나는 충분히 젊고 건강하며 도전할 수 있는 나이이고, 그런 몸이다. 그런 의미에서 지금 내가 하고 싶은 것, 도전하고 싶은 것, 배우고 싶은 것 등의 버킷리스트를 작성 해 본다.

1. 국내든 해외든 1년은 무조건 집을 떠나 여행하고 살아보기

2. 산티아고 순례길 걷기

3. 제주 올레길 완주하기

4. 해녀학교 졸업하기

5. 바디 프로필 찍기

6. 댄스스포츠(라틴) 5종목
   (차차차, 자이브, 룸바, 삼바, 파소도블레) 춤추기

7. 요리사 자격증 따기

8. 꽃꽂이 배우기

9. 재봉틀 배우기

10. 수영으로 한강 건너기

11. 정원 가꾸기

12. 비키니 수영복 입고 즐기기

13. 록 가수처럼 웨이브가 센 파마하기

14. 나의 자서전 쓰기

위 버킷리스트 중 13번은 지금 해 보려고 딸과 함께 미용실로

간다. 어울릴지 어떨지는 모르겠지만, 해 보고 싶으니 그냥 지금 해 본다. 가장 젊고 멋지고 건강한 오늘!!!

50세를 '지천명(知天命)'이라고 한다. 「논어」 위정편에 나오는 말로 공자가 나이 쉰에 천명, 하늘의 명령을 알았다고 한 말에서 유래했다. '천명을 안다'는 건 하늘의 뜻을 깨달아 그에 순응하거나 하늘이 부여한 최선의 원리를 안다는 뜻이다. 마흔까지는 '주관적 세계'에만 머물렀으나 쉰이 되면서 객관적이고 보편적인 '성인(聖人·지혜와 덕이 뛰어나 우러러 본받을 만한 사람)'의 경지로 들어설 수 있음을 의미한다.

신체의 변화도 큰 나이다. 50세를 전후로 남녀 모두 갱년기를 경험하고, 온몸이 아파 '병 자랑대회', '내가 먹는 건강식품 말하기 대회'를 할 정도로 신체, 심리 변화를 경험하게 된다. 물론 나이 먹는다고 다 어른이 되는 건 아니다. '나이만 처먹은 늙은 사람'이 되지 않기 위해서는 진짜 어른이 돼야 한다. 자신을 끊임없이 성찰하고 발전시키기 위해 노력하지 않으면 변하거나 성장하지 않는다는 것을 깨닫는다. 성인(聖人)은 못 되어도 '성인(成人)'은 되어야 한다. 적어도 '성장한 사람, 완성된 사람'은 되어야 한다.

나이가 많다고 어린 사람을 무시하고 자신을 돌아보지 않는 사람을 진짜 어른이라 할 수 있을까. 나이로 무시한다는 것은 재산으로, 학력으로, 학벌로, 가진 것으로 남을 무시하고 눌러도 된다는 논리인데, '내가 더 좋은 장난감을 갖고 있다'고 자랑하는 유아기적 퇴행으로밖에 보이지 않는다. 요즘 유치원에서도 가진 것으로 남을 무시하거나 비교하지 말라고 가르친다. 자기보다 적게 가진 사람을 무시하는 것은 정말 모자란 사람이 하는 행동이다.

나이 먹는 것이 좋다. 깨닫는 것이 많아서 더 좋다. 첫째, 사람들은 생각보다 나에게 관심이 없다. 종갓집 종부이신 할머니는 늘 행동이나 태도, 옷차림을 조심하라고 가르치셨고, 여든 넘어 돌아가실 때까지도 단정한 모습이었다. 그러다 보니 남에게 보이는 모습을 신경 썼는데, 사람들은 내가 어떻게 입던, 내가 어떻게 살던 별로 관심이 없었다. 남의 눈을 의식하느라 나에게 맞지 않는 스타일을 입었던 과거의 나는 버렸다. 좋아하는 것을 선택하고 책임지게 됐다. 남이 가진 비싼 가방과 좋은 차를 별로 중요하게 생각하지 않는다는 것을 알게 됐다. 학력과 물건을 소유하는 것보다 지식과 경험을 소유하는 것이 더 중요하다. 힘이 있는 사람보다 존경할 만한 사람과 교류를 나누는 것을 더 좋아한다. 편하고 쉬운 길로 가는 것보다 가치를 지키는 것을 더 중요하게 여긴다. 이제 나만의 길을 걸을 수 있다.

둘째, 태도와 자세가 훌륭한 사람을 존경한다. 직함을 단 미성숙한 사람들, 권력과 지위를 이용해 다른 사람을 누르고 갈취하고 학대하는 사람들도 있었지만, 정말 존경스러운 분도 많았다. 높은 학식을 갖고도 겸손하신 교수님들도 많이 만났다. 어리석은 질문도 진지하게 경청하시고 질타하거나 면박을 주지 않고 답변을 하셨다. 관공서와 기업체 강의 수입을 모두 포기하고 40대 중반에 박사과정에 몰입한 내게 남은 것은 공부나 지식이 아니라 '태도'였다. 며칠 밤을 새워서라도 해야 할 것은 해내고, 귀를 기울이고, 잘못을 인정하고 바꾸려고 노력하며, 소유가 아니라 경험을 중요시 여기는 태도를 갖게 됐다. 존경할 것이 있다면 그들이 누구이든 바로 나의 스승이다. 학력의 높고 낮음은 중요하지 않다. 태도와 자세가 훌륭한 사람을 가까이하는 즐거움을 느끼게 됐다.

셋째, 나이가 들수록 공부하고 성찰하고 되돌아보아야 한다. 무엇인가를 묻는 사람이 늘수록 점점 말하기가 두려워진다. 세상엔 내가 아는 것보다 모르는 게 훨씬 더 많기 때문이다. 공부하게 된다. 아니, 공부할 수밖에 없다. 수시로 성찰하고 부족한 나를 되돌아본다. 과거의 학벌을 자랑하면서 자신보다 낮은 학력을 가진 사람을 무시하는 사람을 경계한다. 과거의 영광에 집착하는 사람을 경계한다. 더 가졌다고 덜 가진 사람을 무시하는 사람을 멀리한다.

인정하기 싫지만 이제 어른의 나이가 되었고, 하늘의 뜻을 알고 지혜와 덕이 뛰어나지는 못하지만 적어도 조금씩이라도 쌓으려고 노력해야 한다. 나이만 처먹은 존재가 되지 않기 위해 늘 성찰하고 조심한다. 오십이 넘으니, '좋은 어른이라면 이렇게 해야 한다'고 말할 수 있는 나이가 되어서 좋다. 젊은이와 어르신을 연결할 수 있는 나이가 되어서 좋다. 나는 지금의 내가 좋다. 50대 만세!

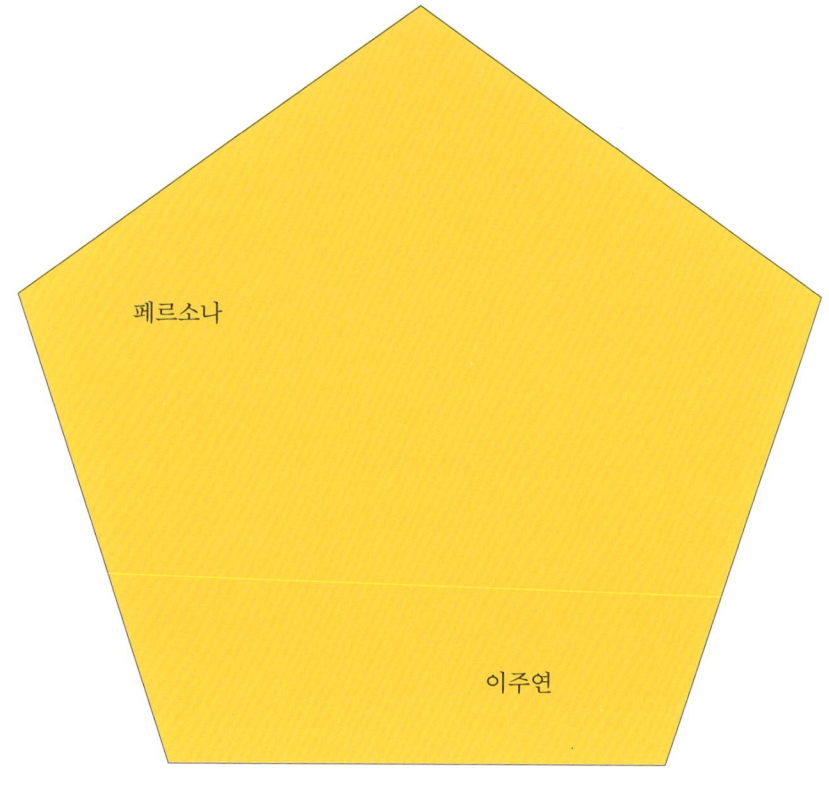

태어나서 제일 처음 연예인을 좋아했던 때 사람들이 거의 구매하지 않아 희귀 앨범으로 기억되던 음반을 하루 종일 들었던 때가 있었다. 타이틀 곡도 아니었지만, 중얼중얼 따라 불렀던 곡의 제목은 <페르소나>였다.

당시 가사의 뜻은 알지도 못한 채 대충 가면을 벗으라는 내용의 노래였다는 것만 기억나고 영어도 아닌 생소한 단어가 무엇을 뜻하는지 궁금하지도 않았던 것을 보면 나에게 그리 특별한 단어는 아니었다.

그러다 페르소나의 뜻을 다시 접하게 된 것은 대학교 2학년 심리학 개론 수업 시간이었다. 그때도 역시 명확히 이해했던 것은 아니다. 다만, 중학교 시절 수없이 들었던 테이프 속 노래 제목이라는 것을 떠올리는 정도랄까. 당시엔 심리학이라는 학문이 그리 매력 있지 않았기에 사람에게는 여러 가지 면이 존재한다는 개념에 대한 아는 것에 머물렀을 뿐 페르소나에 대해 깊이 있게 더 알아보지 않았다. 개념을 이해하기 시작한 시점은 대학원에서 다시 심리학 과목을 이수하면서였는데 칼 융의 분석심리학적 측면에서 페르소나는 사회생활을 원만하게 유지하게 해주기도 한다는 것이 가장 인상 깊었다. 특히, 각 장면에서 보이는 나의 모습을 인지하고 그것을 건강하게 표출하는 게 정신적으로도 안정적일 수 있다.

현재 내가 수행하고 있는 모습은 몇 가지일지 생각해 본다.

대표적으로는 '청소년지도사'라는 직업인으로서의 나. 20년째 청소년들과 함께 활동하고 웃고, 밝은 청소년지도자의 모습으로 지내고 있다. 특히 프로그램을 진행할 때는 더할 나위 없이 기분 좋은 들뜬 상태이며 이 외의 업무를 수행할 때는 함께 일하는 동료들에게 좋은 영향력을 끼치기 위해 노력하는 편이다.

엄마로서의 나는 전혀 다른 모습이다. 기본적으로는 잔소리를 탑재하게 되며 표정엔 엄격함이 묻어나기도 한다. 대체로 딸들이 하고 싶은 것을 하도록 자유롭게 지켜보지만, 나의 가치관에서 어긋난 행동을 하면 매우 화를 내기도 한다. 중요한 가치관은 '태도'인데, 누군가를 불편하게 하는 말이나 행동이 보이는 것은 참을 수 없기에 회사에서 보이는 평안함과는 거리가 멀다.

배우자로서의 나는 어쩌면 빵점일지도 모르겠다. 아무래도 집에 있는 시간보다 회사에 있는 시간이 훨씬 많고 애교가 있는 것도 아니고 정리나 집안일엔 재능이 없다고 봐도 무방하다. 요리는 그럭저럭 흉내를 내더라도 뒷정리가 깔끔하지 못하다. 결국 재능이 없으니, 재미가 없어지고 재미가 없으니 대충 하게 된다. 집에서는 늘 덜렁거리며 게으른 모습이다.

딸로서의 나는 부모님께 어떤 느낌일까. 엄마 아빠에게 연락을 자주 하지 않는 무뚝뚝한 딸이다. 회사에서 만나는 고객이나 기관 담당자 또는 동네에서 만나는 부모님 연배의 분들을 대하는 상냥함은 친정에서는 찾아볼 수 없다. 그래도 마냥 소중한 첫째 딸이길 바랄 뿐이다.

친구로는 또 어떠할까? 길을 걷다가 라디오에서 노래를 듣다가 날씨가 좋아서 등등 말도 안 되는 이유를 들어 하루에 한 명 이상의 친구에게 전화를 건다. 20~30분은 훌쩍 넘겨 통화한다. 전화하지 못하는 날엔 누군가에게 꼭 메시지라도 보내고 만다. 그래서인지 친구들은 대부분 나에게 발이 넓은 사람이라고 표현한다. 이외에도 여러 지점에서 '나'는 색다른 모습으로 표출되고 있을 것이다.

이렇게 나열하고 보니 자기 객관화가 꽤 잘 되는 듯하다. 요즘 유행하는 단어로 바꾸자면 '메타인지' 정도로 표현할 수 있을까? 그 옛날 소크라테스가 '너 자신을 알라'라고 했는데 내가 어떤 모습인지 아는 것이 시작이니 이렇게 생각해 보는 것도 매우 중요하다.

나의 모습을 돌이켜보며 한때는 '너무 가식적인 거 아니야?', '이렇게 하는 만큼 애들한테는 못하는 게 너무 양심 없어 보인다.', '좋은 모습을 보여주려 애쓴다.' 등의 자책을 한 적이 있다. 요즘은 그렇게 생각하기보다는 각각의 역할에 어울리는 모습으로 지내고 있으며 이것이 건강함이라 믿고 있다.

다만, 각기 다른 곳에서 보이는 나의 모습을 한 공간에서 마주하면 불편해진다. 특히 청소년지도자로서의 나와 엄마로서의 내가 충돌하는 지점이 그러하다. 청소년 시기에 접어든 딸과 마주하는 순간은 더더욱 자괴감이 들기도 한다. 청소년들과 활동하면서 보여주는 유연함과 융통성, 따뜻함과 친절함, 유머와 이해는 우리 집에 있는 청소년은 잘 볼 수 없는 모습이다. 아마도 딸은 요즘 그런 것 때문에 상당한 서운함을 갖고 있을 터. 나조차 그런 상황이 벌어졌을 때 왜 그렇게밖에 할 수 없었는지에 대한 마땅한 핑계를 대지 못하기 때문에 더욱 힘든 부분이다.

'시간이 해결해 주는 게 아니라 시간이 흘러 조금 더 성장한 내가 해결해 준다.'라는 말이 있듯이 엄마를 이해하려 애쓰는 딸에게 발맞춰 나와 페르소나, 페르소나와 페르소나 사이의 균형을 잘 맞춰나가며 이 시간을 잘 보내보기로 한다.

뚜벅뚜벅 걸어가겠어요

김은미

끝이 보이지 않는 뜨겁고 힘겨운 날들의 연속이었다. 유독 길고 뜨거웠던 24년의 여름은 나에게 있어 해내야 할 일들로 인한 버거움과 함께 앞으로 살아가야 할 힘을 만들어야만 하는 힘겨운 날들이 이어지는 시기였다. 쓰면 쓸수록 어려워지는 글쓰기처럼, 생각하면 할수록 복잡해지기만 한 것이 있었다.

앞으로 살아가야 할 나의 길에 대한 생각이다. 삶의 주인공은 자신이라는 말, 자기 삶의 의미는 오직 자신만이 부여할 수 있다는 말, 모든 문제와 해결책은 다 자기 안에 있다는 말, 다 옳은 말이다. 그러나 나에게는 이를 실천하기 어려운 한 가지 걸림돌이 있었다. '나를 위한 삶이 이기적인 것은 아닐까' 하는 생각이다. 삶의 주인공이 되어 삶의 의미를 찾는 것과 이기심이 무슨 상관이란 말인가? 그럼에도 난 둘 중 하나를 택해야 한다고 믿었다. 때문에 그러한 선택을 하고자 하는 나의 행동을 이기적으로 여겼다

그동안 나는 나만을 위한 삶과 가족을 위한 삶을 양손에 쥐고 둘 다 놓지 못했다. 십 수 년을 그렇게 살아왔던 것 같다. 내 일은 내 일대로 하면서 가족의 모든 것을 챙겨주었다. 나름대로 의미는 있었지만 늘 바쁘고 피곤했다. 내 삶을 위해 해내야 할 일들은 항상 우선순위에서 밀렸고, 가장 나중에 처리할 수밖에 없었다. 그러한 이유로 잠을 줄여야만 했다. 그러나 미래를 위한 삶이라 다독이며 버티기에 나의 체력은 역부족이었다. 당연히 잘 해내지 못하는 일들이 많아졌다. 그러는 중에도 가족과 관련된 일만큼은 바로바로 처리해야만 했다. 당연히 내 삶을 위해 해내야 할 일들을 못 하는 날이 늘어갔다. 갈수록 내 모습이 맘에 안 들었다. 그런 맘이 들 때면 재빨리 다양한 방법을 동원해 나를 다독이며 맘을 달래었고, 힘을 되찾으려 안간힘을 썼다. 그렇게 십 년이 넘도록 살았다.

어느 날 문득, 그간의 내 노력이 무색할 만큼 옛 모습 그대로인 가족들을 보았다. 그들은 여전히 내가 하려는 일에 관심이 없었고, 그간의 내 노력을 인정해주지 않는 듯했다. 힘이 빠졌다. '지성이면 감천이라고 20년이 넘도록 노력했으면 이젠 좀 달라질 때도 되지 않았을까?' 하는 맘도 일었다. 아마도 마음 한 구석엔 "*이만큼 했으니, 이제는 당신(엄마)만을 위한 삶을 살아봐.*" 라고 말해주길 기대했었나 보다. 기대가 서운함으로 바뀌니, 이젠 나만 생각하며 살아야 할 때라는 생각이 들었다. 그때 내 눈에 들어온 글귀 하나.

"*자기 삶의 의미는 오직 자신만이 알려줄 수 있다. 그래서 스스로 질문하지 않는 삶은 위험하다. 스스로 사색하고 성찰해야 한다. …(중략)… 내가 이 길을 왜 걷는지 알고 걸으면 모든 순간이 성취의 순간이 된다.*"

페이스북에서 팔로잉하던 어느 작가의 글이었다. 갑자기 가슴이

뛰었다. 이와 같은 말은 그전에도 여러 번 들었다. 그러나 오늘은 이 말이 왜 이리도 내 가슴을 뛰게 만드는지 곱씹어 보았다.

얼마 전부터 삶의 의미를 찾고자 했었다. 물론 그전부터도 삶의 의미는 있었다. 나는 삶의 의미가 중요한 사람이니까. 그러나 인생 후반기를 맞이하는 지금은 그전과는 다른 삶의 의미가 필요했다. 그래서 삶의 의미들을 찾기 위해 이러 저러한 일들을 했었다. 그러던 중 만난 글귀 하나가 나에게 질문한다. '삶의 의미를 찾는 것과 이기적인 삶이 어떠한 관계가 있는 가? 나는 무엇 때문에 그것들을 동일시하고 있는가?'를. 생각해 보니 나는 삶의 의미와 직업을 동일하게 생각했던 것 같다. 아이들이 진로라 하면 직업을 선택해야 하는 것처럼 나도 그랬다.

삶의 의미를 갖기 위해서는 직장에서 일을 통한 보람을 느껴야 한다는 생각이 강박처럼 있었다. 취업과 이기적인 맘을 동일시하는 건 예전의 경험 때문이리라. 워킹맘이었던 엄마의 삶이 이기적으로 보였다. 어린 시절 홀로 지낸 시간이 많아서였을까? 직장생활과 이기적인 마음이 전혀 관계가 없다는 것을 알면서도 그렇지 않은 선택을 마치 숭고한 희생인양 포장했다. 가족 곁에서 안주하려는 마음이 더 컸을 텐데, 이를 핑계거리로 사용했다.

다른 한 편으로는 힘겨운 삶을 벗어나기 위한 현실도피의 수단으로 삶의 의미를 찾고 있는 건 아닐까? 하는 생각도 들었다. 지금의 삶도 충분히 의미 있는 삶인데, 굳이 다른 걸 찾아 가족 곁을 떠날 궁리만 하고 있다고 말이다. 그렇다. 나는 의미 있는 나만의 삶을 물리적 독립으로 여겼다. 즉, 가족과 떨어져 혼자 살아야 내 삶을 찾을 수 있다고 생각했고, 이를 실천하려고 애를 썼다. 그러다 보니 일자리가 필요했다. 어느 순간 그러한 내 생각이 위험해 보였다. 불안하기도 했다. 그러다 보니 자꾸 머뭇거렸고, 머뭇거리는 내가 못마땅했다. 이러한 생각들로 현실에 안주하려는 나를 질책하기만 했다. 그뿐만 아니라 이 두 가지 생각은 변화가 두려운 내가 나를 붙잡아 두려는 수단이었고, 핑계일 뿐이라고만 치부해 버렸다.

'나만이 내 삶의 의미를 안다.'라는 말에서처럼 나만이 알고 있는 내 삶의 의미를 명확히 정의할 순 없지만 한 가지 분명한 것은 그동안 내 삶은 그 누구를 위한 삶이 아니었다는 것이다. 나는 힘든 상황에도 내 일을 놓지 않았고, 어떻게든 완주하려고 노력했다. 가족을 돌보는 삶과 내 삶, 모두가 다 나의 삶이다. 작가의 말처럼 남들이 말하는 화려한 결말이 준비되어 있지 않아도 내가 이 일을 하려는 이유를 알고 정진하려 노력한다면 모든 순간이 성취의 순간이 되는 건 아닐까? 이에 대해 작가는 말한다.

"길을 걷든 바다를 항해하든 하늘을 날든 그런 건 중요하지 않다. 모든 길은 가치중립적이다. 세상이 매겨준 욕망에 흔들리지 않는 것이 중요하다."

그렇다. 어떠한 모습으로 어떠한 길을 걷던 나에게는 중요하지 않다. 내가 어떠한 마음가짐으로 살아가는지가 더 중요하다. 남들이 뭐라고 하든지, 내가 경험했던 것이 무엇이던지 그러한 잣대로 내 삶을 잴 필요는 없다. 설사 그것이 이기적으로 보인다고 할지라도 내게 의미 있고, 내 삶을 의미 있게 만드는 것이 무엇인지 알고 가는 게 더욱 중요한 것 아닐까 한다. 이제 나만을 위해서 살아보자. 다만, 나만을 위한 삶의 형태를 좀 더 넓힐 필요가 있다. 가족을 떠나는 게 과연 나만을 위한 삶인가? 곁에 있으면서 내 마음가짐만 달리하면 될 일 아닌가! 얼마 전 아들이 나에게 "엄마만 행복하다면 그게 뭐든지 다 좋다"고 했다. 아이들이 이토록 나의 행복을 지지하고 있는데, 굳이 그들 곁을 떠나야만 의미 있는 삶을 살 수 있는 걸까? 그들 곁을 떠나지 않아도, 취업을 하지 않아도 나만의 삶을 살아낼 방법은 얼마든지 있다. '그 누구의 인정이 중요한 것이 아니라 스스로 인정이 중요하다'는 말처럼.

내 능력을 의심하지 말고, 미래를 예단하지 않고, 오늘의 내가 할 수 있는 일부터 꿋꿋이 하면 그만이다. 모든 순간 내가 우선순위이면 될 일이다. 여태까지 해왔던 것처럼 나의 삶을, 나의 길을 잘 걸어가기만 하면 될 것이다. 남의 시선이나 남의 평가에 휘둘리지 말고, 외부에서 무언가를 찾으려 하기 보다는 내 안에서 무언가를 찾는 것. 그것이 나의 삶이다. 그렇게 하루하루를 뚜벅뚜벅 걸어가면 될 일이다.

5.

일

일에서 오는 특별함

범쌤의 트라우마 극복기

범경아

2022년 7월. 3년 동안 매일 출근하던 직장을 갑자기 잃었다. 가만히 집에 누워있었다. '직장 내 갑질 신고'를 받은 3월 8일부터 한 달 동안 서류를 정리하고 녹취록을 풀었다. 몇몇 동료들은 탄원서로 나의 결백을 주장했다. 모두 법인 관계자에 의해 무시됐다.

거짓이 진실이 된 몇 달 동안 A의 편에 선 직원과 일부 사회복무요원은 나를 '투명인간' 취급했다. 나는 A의 근태서류, 허위 주장 녹취록, A의 괴롭힘을 받았던 직원들의 탄원서를 제출하면서 나를 변호했다. 조사자들조차 나를 위로하면서 훈훈하게 마무리했다. 그와 별개로 계약은 종료됐다. 억울했다. 평생 입맛이 좋았는데, 입맛을 잃었다. 동료는 아침마다 주먹밥을 싸오고 점심엔 국밥집으로 끌고 갔고, 강사님들은 내 상태를 걱정하셨다.

2020년 5월, 이용인과 직원들이 다 함께 체조를 할 때 웃으며 다가온 발달장애인이 갑자기 두꺼운 손가락으로 내 눈을 찔렀다. 얼음찜질로 통증을 가라앉히면서 법인 지도점검을 마치고 오후에 병원에 가보니 생각보다 심각했다. 라식 수술을 했던 망막이 강하게 찔리면서 들리고 찢어졌고, 수술을 해도 눈은 계속 나빠졌다. 직원들을 보호하는 시스템을 구축하느라, 내 마음은 돌볼 틈이 없었다. 출장 가다가 지하철역에서 숨을 못 쉬고 주저앉았다. 1,000명이 넘는 청중 앞에서도 거침없던 내가 10명만 있어도 숨이 안 쉬어졌다. 법인의 반대로 산재보험, 고용보험조차 들어있지 않던 계약직 센터장이었지만, 발달장애인과 가족을 위해 일하는 것이 소명이라 생각했다. 나이 들면 나빠질 눈이니 억울하게 생각하지 말자고 생각했다. 그러던 중 누명을 쓰고 공황발작으로 사무실에서 쓰러졌다. 입원하고 나흘이 지나도록 혈압은 전혀 떨어지지 않았다. 퇴원 후 다시 만난 직원들의 눈빛이 차가웠다. 인사조차 하지 않았다. 꾸역꾸역 남은 한 달을 보내고 마지막 날도 평소처럼 책장, 책상을 정리하고 센터 바닥의 물기를 닦고, 쓰레기를 줍고 구석구석을 치웠다. 마지막 인사조차 하지 않는 냉정한 그들을 지켜보며 쿵, 마음이 닫혔다.

퇴직 후 한 달 내내 잠만 잤다. 눈을 떴을 땐 생각이 나를 괴롭혔다. '도대체 나한테 왜 그랬을까, A의 실수와 잘못을 처음부터 밝혔다면, A의 갑질과 괴롭힘을 바로 신고했다면, 법인 관계자의 무리한 요구와 협박을 순순히 들었다면.' 너무 자서 허리가 아프고 책도 안 읽혔다. 무표정한 얼굴로 MBC <무한도전>을 보다가 실실 웃기 시작했다. 회차별로 외워갈 때쯤 <대장금>을 보았다. 가만히 있으면 인생이 편했을 주인공이 자꾸 고생을 사서 하다가 마침내 행복해졌다. 원칙과 가치관을 지키는 것은 드라마에서만 가능한 것인가. 어려움을 이겨나가는 이야기를 반복해서 보니 힘이 났다. 나는 그 끝없는 시뮬레이션을 멈추게 됐다. '이겨낼 거야.'

트라우마를 겪으면 '해리성 기억상실'을 경험한다. 트라우마를 잊기 위해 그 상황 자체를 잊어버리는 것이다. 이것이 바로 영화 <인사이드 아웃 2>에서 나온 '기억의 저편'이다. 영화엔 주인공의 행복을 위해 100가지 모든 상황을 예측하고 대비하는 '불안이'가 나온다. 우리 안엔 모두 사춘기에 크게 자란 '불안이'가 있다. '불안이' 덕분에 노력하면서 성장하고 든든한 미래도 준비할 수 있다. 그리고 불안을 조정하고 조정관을 잡아야 어른이 된다. 나는 고통스러웠기 때문에 A에 관련된 기억을 '기억의 저편'으로 보냈다. '나는 센터장님을 좋아하는데, 왜 나를 좋아하지 않냐', '(회사에) 지각하면 안 되는지 몰랐어요.' 소름이 끼쳤다.

누구도 사과하지 않고 책임지지 않는 상황에서 스스로 해결해야 한다는 것이 두렵고 불안했던 것 같다. 확인 없이 "장애인한테 눈을 찔린 센터장은 비전문가"라고 공적인 자리에서 함부로 말한 사람, 영상을 보기 전까지도 우리 애는 안 찔렀다며 사과 한마디 없던 보호자, 누명을 벗었음에도 나를 내친 법인, 공황발작으로 쓰러졌을 때조차 냉랭하던 직원들을 보며 트라우마는 더 깊어졌던 것 같다. 그들을 잊으려고 애썼고, 방어기제로 '해리성 기억상실'을 사용했다. [직면]이라는 상담기법이 있다. '처한 상황이나 문제를 직접 대면하는 것'이다. 트라우마는 '기억의 저편'으로 던진 부정적인 감정과 괴로웠던 경험을 끄집어내서

마주 보아야 비로소 치유된다. 괴로웠지만 나를 사랑하기에 용기를 냈다. 나를 신뢰하고 온전히 사랑해 주고 기다려준 사람들 덕분에 정면으로 보았다.

돌이켜보니 나는 계속 트라우마와 직면하고 있었다. 직원 보호를 위한 시스템을 갖추었고, 재발 방지 방법을 찾았다. OO주간센터에서 해당 발달장애인이 여러 선생님의 눈을 찔렀다는 이야기와 트라우마로 힘들어하신다는 말을 듣고 함께 울었다. 녹취록을 풀고 자료를 정리할 때, 동료들과 함께 눈물을 흘렸을 때도, 누명은 벗었지만 억울한 처분을 받고 법대생 딸과 변호사와 노무사를 만나면서 힘이 세고 큰 그들을 상대하기에 내가 너무 미미한 존재인 것을 깨달았을 때도, 이 일과 전혀 상관없는 성직자께서 '대신 사과한다'고 하셨을 때 나는 이미 직면하고 있었다. 퇴원 전날 당장 사직서를 내라는 법인 관계자의 압박에, 벌게진 눈으로 사직서 사인을 받으러 온 이O영 팀장님이 "어떻게 이럴 수가 있냐"고 울먹일 때도 피하고 싶었지만 이미 직면하고 있었다. 수면제를 먹고도 밤새 중얼거리던 나에게 약과 밥을 챙겨 먹이는 두 딸을 보다가 번쩍, 정신을 차리게 됐다. 기억의 저편으로 보냈던 괴로운 기억을 의식적으로 만나고 나서야 온전한 회복이 시작됐다. 꾸준히 운동을 했고, 시간을

정해서 식사를 하고 잠을 잤고, 소중한 사람들을 만났다. 영혼의 회복을 위해 간절히 기도했다.

두 달마다 정기적으로 만나는 정신건강의학과 교수님은 "트라우마를 잘 이겨내고 회복해서 감사하다"고 하셨다. 최근엔 "트라우마를 극복하고 창조적 가치를 만들어 내는 범경아 님을 응원한다"라고 말씀하셨다. 직면하고 바로 서니 '기쁨이'가 다시 생겨났다. 사소한 일에도 웃음이 난다. 아가들은 너무 사랑스럽고, 어린이들은 활기차다. 교복 입은 청소년도, 할머니들의 뽀글머리도 귀엽다. 지나다니는 사람들만 봐도 웃음이 난다. 마음이 불편해서 멀리 돌아가던 길도 이제는 막 지나다닌다. 근무했던 도시의 맛집도 가고 산책도 즐긴다. 차에 넣고 다니는 비눗방울을 분다. 비눗방울과 함께 불안과 걱정도 훨훨 날아가는 것 같다.

퇴사 후 다시 강사를 직업으로 갖게 되면서 유난히 상처가 많은 사람들을 만난다. 조용히 고민을 듣고 진심 어린 위로와 공감을 보낸다. 다양한 상처를 받은 사람들에게 대신 사과를 한다. 정작 상처를 준 사람은 잘못을 인정하지도 않고 사과하지도 않기 때문이다. 그분들의 마음을 위로할 간식을 준비하고 이야기를 듣는다. 매번 다른 곳에서 새로운 사람을 만나는 '강사'라는 이 직업이 트라우마와 공황장애 치료 중인 나에게 매번 새로운 직면의 기회를 준다.

나의 강의장은 울음바다, 웃음바다, 박수 바다, 공감과 질문의 바다, 그리고 감사의 바다. 감사와 감동이 바다처럼 넘친다. 나는 트라우마를 극복하고 공황장애도 완치되어 간다. 나는 점점 더 건강해지고 있고, 마음을 잘 회복하고 있다.

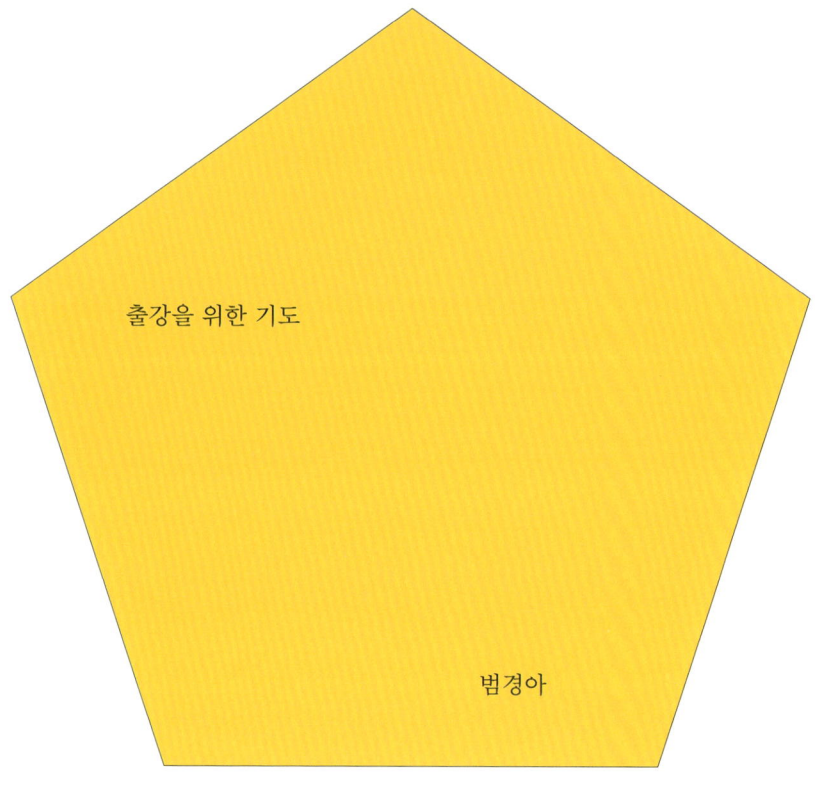

출강을 위한 기도

범경아

유독 강의하러 가기 싫은 날이 있다. 회의가 든다. 어디도 가고 싶지 않다. 이럴 땐, 나를 설득한다. '가야 한다, 해야 한다, 마쳐야 한다.' 강의하면서 나를 설득한다. 간식을 드리면서 나를 설득한다.

대도시의 정체를 뚫고 두시간 넘게 걸려 도착한 강의장, 열광적인 환호는 없었지만 네 시간 동안 다양한 연령의 자활사업 참여자들이 한 분도 졸지 않고 집중하며 고개를 끄덕였다. 몇 분은 눈물을 훔치고, 감사의 악수를 청한다. 담당자도 매우 만족했다며 감사를 전한다. 나를 설득하느라 오늘의 에너지를 다 써서 집에 와서 쓰러져 잤다. 자고 일어나니까 좀 나아졌다.

지금 잘하고 있나…. 늘 내 일에 대해 고민한다. 지금 하는 일이 옳은 방향으로 가고 있는지 성찰한다. 결벽증에 가까운 나의 가치 기준을 맞추다 보니 돌아서 돌아서 지금까지 왔다. 쉽고 편하게 가는 길이 아니라, 힘들다는 길만 골라서 걸어왔다. 원하지 않았지만 계속 좁은 길로 걸어온 것 같다. 왜 쉽고 편한 길을 가지 않는가. 돌이켜 보면 나란 사람은 참 미련하다. 이러고 산다. 과거로 절대 돌아갈 수는 없기에 다시 선택할 기회가 생기면 어떨까 하는 고민은 안 한다.

'나는 밥을 먹어도 대한의 독립을 위해, 잠을 자도 대한의 독립을 위해서 해왔다. 이것은 내 목숨이 없어질 때까지 변함이 없을 것이다.' 행동하는 신앙인 도산 안창호 선생님에 대한 설교를 들으면서, 나의 존재와 소명, '민족의 일꾼을 키워내는 밑거름이 되자'는 삶의 목표를 다시 되새겨본다. 언뜻 보면 참 괜찮은 어른처럼 보이지만, 나는 아직도 고민하고 불안해하는 부족한 사람이다. 늘 되돌아보고 잘 가고 있는지 살핀다. 훌륭한 사람들을 보면 존경스럽고 늘 배우게 된다. 나는 아마도 평생 나의 부족함을 인정하고 채워가려고 노력할 것 같다. 이렇게 부족하지만 그래도 삶은 흘러가고 생은 이어진다.

나는 청년들이 참 지혜롭고 대단하다는 생각이 든다. 자신들의 부족함을 인정하고 고치려고 노력하고 애쓴다. 자신을 인정한다는 그 사실 자체만으로도 그대들은 훌륭한 사람들이니 너무 고민하지 말고, 너무 자책하지 말라고 말해주고 싶다. 시간이 지나야 해결되는 일이 있고, 내가 아무리 노력해도 되지 않는 일이 있다. 결과를 이루기 위한 '과정'에서 만나는 나의 편, 나의 사람들이 결과보다 더 중요한 것이라고 말해주고 싶다.

좋아하는 일도 매번 좋지는 않다. 그래도 해야 할 일은 해야 한다. 하기 싫은 일은 늘 존재한다. '하기 싫은 일은 어떻게 하죠'라는 질문에 "하고 싶은 일을 하기 위해, 하기 싫고 해야 할 일을 빨리 합니다."라고 답한다. 하기 싫은 일을 해야 하는 것, 그게 갓 스물이 된 딸이 말하는 '진짜 어른'이다. 고민이 깊어져 일이 손에 잡히지 않을 땐, '이제 그만'이라고 말하고 다시 강의를 준비한다. 내 목표이자 소명은 '주인공'이 아니라 '밑거름'이다. 언제든

다용도로 편하게 쓰는 그릇이다. 나의 고생과 경험은 좋은 거름이 될 것이다. 언제든 편하게, 어디에나 쓰이는 그릇, 민족의 일꾼을 키우는 밑거름이 되길 소망합니다. 나의 오랜 기도이다.

기관장으로 근무하다가 다시 전문 강사로 돌아왔을 때 강의가 하나도 없었다. 강의장까지 가는 데만 3~4시간 걸린다고 하면 모두 큰돈을 버는 줄 안다. 전문 강사로 활동했던 10년 전보다 강의 소득은 낮아졌다. 출강을 위한 기준과 방향을 잡아야 했다.

소통, 관계, 여가, 마음 돌봄으로 '이음', 바로 쓰는 실천 기법과 현장 고민 '나눔'을 연구소 방향으로 설정했다. 나를 불러주신 분들께 감사하며 신의를 지켰다. 강의하러 갔다가 이동 동선에 계신 지인들을 만나기도 한다. 장거리 지방 강의의 큰 장점이다. 부산, 대구, 제주, 전주, 군산, 목포처럼 먼 곳의 강의가 반갑다. 나는 뒤끝이 있는 강사다. 강의비로 내 인격까지 살 수 없다. 물론 강의하러 갈 때는 간이고 쓸개고 다 버리고 간다. 강의하는 동안엔 어떤 대우를 받아도 완벽한 강의를 위해 감정을 버린다. 감정을 누를 정도의 높은 강의비를 준다면 고려해볼지도 모를 일이다.

시급함이나 진정성이 있을 때는 바로 달려간다. 제주도 장애인시설의 담당자는 나를 섭외하기 위해 몇 번이나 전화하셨다. 제주도에 한 번 다녀오려면 여러 개의 강의를 포기해야 하는데, 모든 일정을 맞춰주면서까지 나를 원하셨다. 알려지지 않은 나에게서, 도대체 어떤 부분을 해결하고 싶으신지 정말 궁금했다. 발달장애인의 어려운 행동으로 인한 고민이 빼곡히 적힌 서류를 받고 강의에 들어갔을 때, 거의 전 직원이 들어와서 고민하고 집중하고 질문했다. 강의를 마칠 때 진심에서 우러난 박수를 듣고 울컥했다. 강의를 들은 분들에게서 가끔 익명의 채팅이 온다. 오래된 고민을 풀어놓기도 하시고, 강의에 감동하였다고 하신다. 구체적인 자료를 요청하고, 업무에 대한 궁금증도 풀어놓는다. 편하게 말씀하시라고 '익명 오픈채팅방'을 열어두고 있다.

간식을 준비하는 이유는 하나이다. 사람들은 배가 고프면 정신이 없다. 졸리면 어떤 내용도 들리지 않는다. 화장실에 못 가면 기분이 나빠진다. 내 수업은 마음을 읽는 데서 시작된다. 지식을 전달하는 것이 아니라 고민을 나누는 수업이기에, 공감이 우선이다. 먹고, 자고, 싸는 가장 기초적인 생리 욕구가 채워져야 다음 단계인 안전, 인정, 성취를 이룰 수 있다는 매슬로우의 인간 욕구 5단계 이론(Maslow's hierarchy of needs)은 옳았다.

대접을 받아본 사람만이, 사랑을 받아본 사람만이 남을 대접하고 남을 사랑할 수 있다. 그래서 나는 작고 소소하지만, 간식을 준비해서 강의를 듣는 분들을 대접한다.

오늘도 강화도에서 세 시간 강의를 마치고 나오는데, 두 분이 짐 가방을 들어주시겠다며 따라 나왔다. 혼자 들 수 있으니 점심 드시러 가시라고 했는데도, 큰 가방이 네 개나 되자 들겠다고 우기셨다. "강의가 너무 재밌어서 시간 가는 줄 몰랐어요. 그런데 저는 왜 자꾸 뭉클하고 눈물이 나죠?" 선생님을 안아드렸다. 계속 우셨다. 울지 않으려고 애쓰고 계신다는 옆 선생님. 3층에서 지하 주차장까지 내려가는 엘리베이터 안에서 세 여자가 조용히 울었다. 나는 강의를 의뢰받은 순간부터 강의를 마치는 시간까지 기도한다. '오늘 만나는 분 중 한 분이라도 살리게 하소서. 길 끝에 가 있는 분들이 마음을 돌이키고 삶을 다시 살아갈 수 있도록 위로하고 공감하는 도구로 저를 사용해 주소서.'

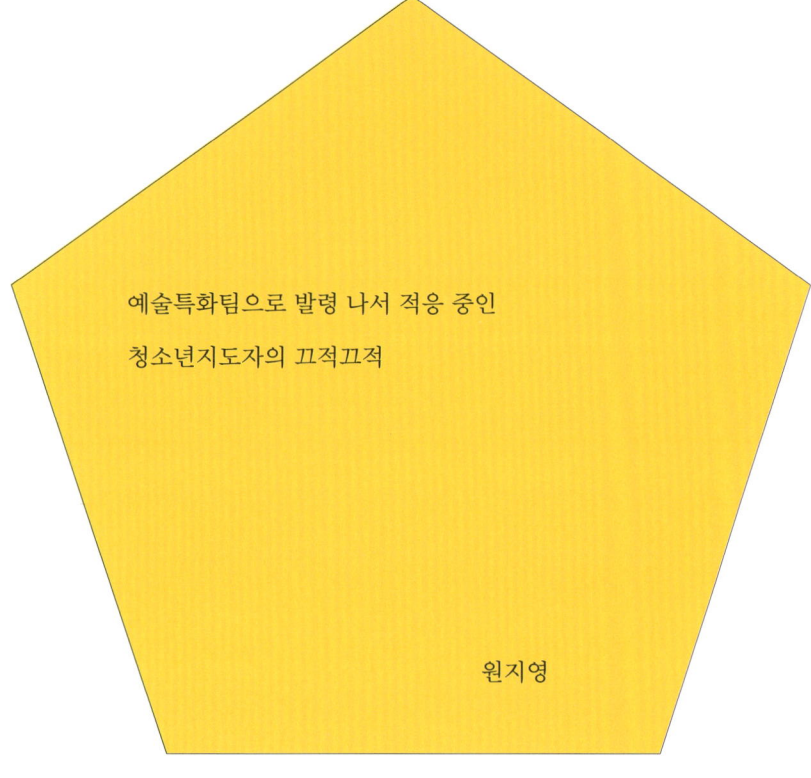

예술특화팀으로 발령 나서 적응 중인
청소년지도자의 끄적끄적

원지영

올해 예술특화팀으로 인사이동을 하면서 가장 달라진 점은 글자 그대로 청소년 복지사업을 맡다가 문화예술 특화사업을 맡게 되었다는 점이다. 청소년사업팀에서 7년을 근무했는데, 3년 반은 청소년 자치활동을, 3년 반은 청소년 복지사업을 진행해 3년 반을 곱하기 2 해보니 청소년지도자 7년 차 직장인 원 씨가 되더라.

청소년 복지사업을 하다 슬쩍 지겨워졌다 싶었을 때 적절한 타이밍으로 예술사업팀으로 발령이 나게 되었는데, 청소년 복지사업과 청소년 특화사업 간 가장 큰 차이는 '지역사회 내에서 바라는 역할'이라는 생각이 들었다.

청소년 복지는 주로 돌봄이 취약한 청소년을 대상으로 하다 보니 항상 생계, 건강한 성장을 다루는 일이 잦았다. 그렇기 때문에 필요의 영역을 다루는 사업이었다. 그래서 정답이 매우 명확했다. 학교생활 적응, 정서 안정, 결핍 충족 등 다양한 이유로 섬세한 돌봄이 요구되었고, 그 돌봄의 욕구가 충족되지 않으면 최악의 상황까지 생각해야 하기 때문이다. 그래서 청소년 복지는 청소년에게 필요한 복지 자원을 최대한 끌어와 연계해 주는 것이 중요하다. 만약 A 친구가 미대 입시를 준비하는데 생계가 어렵다면, 장학금 지원 사업이나 연계 자원을 탐색해 보고, 지역사회 내 재능기부 미술 입시 준비를 지원할 수 있는 단체나 기관이 있는지 찾아보고, 미대 입시를 준비하며 의지할 수 있는 멘토 선생님을 매칭해 안정적으로 꿈을 키워나갈 수 있도록 네트워킹을 마련해주는 등 해결 방안이 명확한 편이다. 내가 근무하고 있는 기관에서는 특화사업이 문화예술 사업인데, 이 특화사업은 생계의 영역, 그러니까 필수적인 영역이 아니기에 청소년을 위해 할 수 있는 일에 정답이 없었다. 청소년 복지는 정답이 매우 명확해서 고민을 깊게 할 필요가 없는데, 청소년 특화사업은 어디서부터 어디까지 해야 하나 헷갈렸다. 특화사업이라는 건 사실 지역사회나 청소년이 찾지 않을 수도 있는, 필수가 아닌 영역이기 때문이라고 볼 수 있다. 청소년기관에 따라 특화사업으로 내세우는 분야는 가지각색인데 내가 근무하는 기관의 경우, 특화사업은 문화예술 사업이다. 개인적으로 나는 예술이 풍요로운 삶을 만들지만 사실 생계의 필수 요소는 아니라고 생각했던 사람이라 문화예술 특성화 사업이 더 어렵게 다가왔다. 흥미나 자기계발의 영역에 더 가까운 문화예술 분야는 청소년이, 사람들이 우리 청소년기관의 특화사업이 무엇인지 모르게 된다면 우리 기관을, 우리 사업을 모르는 채로 평생을 살아가게 될 수 있다는 것이다. 물론 그렇다고 해서 인생에 엄청난 불이익이 닥치는 것도 아니니 쉽게 잊힐 수 있는 것이다. 청소년센터가 청소년들에게 알려지지 않는 채로 잊힌다는 건 너무 안타까운 일이지 않은가. 그리고 문화예술이 인생을 살아가는 것에 있어 필수적인 요소는 아니지만, 인생을 풍요롭게 할 수 있는 것은 사실이기에 나는 많은 청소년이 우리 센터의 특화사업을 누릴 수 있길 바라게 됐다. 그래서 올해 예술특화팀에서 근무하는 나는 목표를 이렇게 설정했다. '깊이 생각 말고 최대한 많은 사람과 청소년을 만나 우리 센터, 그리고 우리 예술특화팀이 하는 일을 알리기.' 그래서 나는 우리 기관에서도 문화예술 사업을 하고, 학교를 초대해서 예술 사업을 보여주기도 하고, 우리 센터가 학교로 찾아가 보기도 하며 여러 방법을 동원해 최대한 많은 청소년을 만나보기로 했다. 다양한 플랫폼을 활용해 가며 우리 센터의 특화사업을 홍보했고 반응은 폭발적이었다. 비슷비슷한 진로 체험활동 사이에서 프로그램을 신청한 선생님들은 문화예술 진로 직업 체험이 눈에 확 띄었다고 입을 모아 말했다. 그중에서도 기억이 남는 날은 아이들을 아끼는 마음에 진짜 제대로 된 문화예술 진로직업체험 프로그램을 해주고 싶었던 어느 학교의 담임 선생님이 신청한 <학교로 찾아가는 문화예술 직업인과의 만남, ART스쿨-주제:목공예 디자이너>를 하러 간 날이다.

담임 선생님께서 반겨주시면서 칠판에 우리 센터의 이름도 적어주셨고, 소개도 친절히 해주셔서 처음 시작부터 기쁜 마음으로 프로그램을 시작할 수 있었다. 담임 선생님께서 우리 청소년센터를 소개해 주시니, 아이들도 그냥 몇 시간 보고 말 어떤 어른이 아니라 나를 가르쳐 줄 선생님으로 대해주었다. 역시 선생님의 역할이 대단히 크다는 생각이 들었다. 드물게 청소년센터의 기능까지 설명해 주시며 센터에 많이 놀러 가서 맘껏 너희만의 공간을 누리라고 말씀하실 때 순간 울컥하고 말았다. 세상에 이런 선생님만 계시면 아이들의 미래에 그늘질 일은 없겠다 싶었다. 학교뿐만 아니라 지역사회에 있는 청소년기관도 너희를 응원하는 존재이니, 너희가 잘 자랐으면 좋겠다고 온 마음을 다해 우리 센터를 소개해 주셨다. 담임 선생님의 마음이 전해진 덕분인지 아이들은 정말 열심히 프로그램에 참여했다. <학교로 찾아가는 문화예술 직업인과의 만남, ART스쿨> 목공예 디자이너와의 만남 시간 덕에, 프로그램을 신청해 주시고 우리 기관을 적극적으로 소개해 주신 학교 담임 선생님 덕에 우리 센터를 자랑할 귀한 기회도 얻었고 이번 기회에 더 다양한 문화예술 프로그램을 해보고 싶다며 연락처를 적어준 친구들도 만날 수 있었다. 이렇게 예술특화팀이 있는 우리 센터를 오늘도 24명의 친구에게 알려주고 왔다. 이렇게 지역사회 속에서 예술특화팀을 가진 청소년기관의 역할을 찾아가면 언젠가 정답을 만날 수 있을 것 같다. 오늘 하루도 고생했다 원 씨!

입사 한 달 차 신입 직원의 일기

김현아

나의 사주엔 일을 계속하는 복이 있다고 했다. 졸업 후 아는 지인분의 급한 요청으로 약국에서 2달 정도 일을 하고 나서 4월부터 본격적으로 취업 준비를 시작했다. 처음 입사지원을 한 곳에 한 번에 붙게 됐다. 완전 럭키 걸이다. 하늘이 나를 도와주는 것처럼 모든 것이 순조로웠다.

소장님이 늘 나를 소개할 때 10년 만에 뽑은 공채라고 농담식으로 이야기 하신다. 그 이유가 다른 선생님들은 스카우트 느낌으로 소장님과 연이 있었던 분들이었다. 기관 설립할 때 이전에 함께 일했던 분에게 제안해서 달그락을 시작했다고 하셨다. 소장님 출강하던 대학과 대학원의 학생들에게 제안했고, 길위의청년학교나 청년의꿈과외수업 등 청년들 훈련하는 기관(활동)을 운영하셨는데 그곳에서 참여한 선생님들이 내가 일하는 기관에서 실무를 함께 하고 있다. 그도 그럴 것이 내가 입사한 기관은 일반 공공기관과 다르게 운영된다. 비영리단체 중에서도 독특한 형태로 청소년을 중심으로 지역사회를 긍정적으로 변화 시키고자 많은 시민들이 참여하면서 후원하는 형태를 띠고 있어서 또 다른 차원의 전문성이 요구됐다. 활동 자체가 선생님들의 팀워크와 역량이 남다르게 반영되어야 가능한 일로 보였다.

처음엔 이 사실과 '적응'이라는 것에 대해 크게 생각하지 않았다. 입사 후 정신없이 하루를 보내고 집으로 돌아왔는데 내 안에 무언가 텅 빈 느낌이 들었다. 침대 위에 놓인 책을 보았다. 「나는 당신이 행복했으면 좋겠습니다」. 책의 제목이 나를 위로해 주는 것 같은 느낌에 책 제목만 보고 펑펑 울었다. 누가 나를 괴롭혔나? 그건 아니다. 회사의 모든 분들이 잘 해주신다. 그저 나의 기분이 그날 하루가 행복하다고 느껴지지 않은 것 같다. 그 이유가 나만 동떨어져 있는 것 같아서였다.

업무 가운데 여러 용어가 생소하다 보니 나 혼자 말이 안 통하는 외국에 온 것 같은 느낌이 들 때가 있었다. 현장에서 사용하는 용어와 업무할 때 사용하는 언어 모든 것이 나에게는 낯선 말이었다. 나의 역량이 낮아서 생긴 일인 것 같다. 나는 어느 장소에서도 '적응'이 빠른 사람이다. 그런 내가 적응을 하지 못한다는 마음에 힘이 들었다. 사무실에서 선배들이 잘 해 주어도 귀가한 후에 행복한 마음이 들지 않았다. 나만 너무 튀는 느낌이기도 했다. '내가 외부 사람이라 그런가?'라는 생각을 갖기도 했다. 이때 나의 상황과 비슷한 노래도 자주 들었다. Sting의 'Englishman in New york'이다. 노래 가사 중 "I'm an alien, I'm a legal alien. I'm a Englishman in New york." 이라는 가사가 회사에서 이방인이 된 듯한 느낌을 받은 나를 표현한 것 같았다.

나는 어느 무리를 가도 뒤떨어진 적이 한 번도 없었다. 회사 면접 때 실패한 경험과 그것을 극복한 사례를 묻는 질문이 있었을 때도 나의 대답은 "살면서 실패해 본 경험이 없습니다."였다. 나도 이

부분에 대해서 지금도 무서워하고 있다. 실패해 본 경험이 없다는 것은 나에게 큰 두려움으로 작용하기도 한다. 언젠가 실패를 경험하게 될까를 걱정했다. 그때 크게 무너지지 않을지 우려가 컸다. 이런 상황에서도 노력은 하지만 성과가 나오지 않고, 업무 가운데 여러 용어가 생소하다 보니 나 혼자 말이 안 통하는 외국에 온 것 같은 느낌이 들 때가 있었다.

입사 후 글을 쓰는 일이 많아졌다. 평소 나는 글을 쓰지 않았다. 나의 생각엔 글을 쓸 일이 있어도 다른 일을 선택하며 회피했던 것 같기도 하다. 내가 무언가를 못한다는 느낌이 싫어서 이런 행동으로 이어졌을 수도 있겠다. 글을 써본 경험 없이 글을 처음 쓰려고 하니 글의 수준이 형편없었지만 몇 번 작성 한 후 글쓰기 능력이 향상되어서 뿌듯함을 느꼈었는데 다른 선생님의 글과 비교해서 보니 내 글이 갑자기 초라해졌다. 이 날도 펑펑 울었다. 친한 친구들도 나의 눈물은 딱 한 번만 보았을 정도로 눈물이 많은 사람이 아니다.

입사 후 가장 많이 하는 말이 "원래 나는 이런 사람이 아닌데"였다. 입사한지 한 달이 된 나는 내가 아는 나와 다른 나를 많이 보게 되고, 새로운 환경에 적응하기 위해 고군분투하고 있다. 펑펑 울고 난 후 그 감정에 매몰되지 않고 더 나은 사람이 되어야겠다고 생각했다. 사람은 계단식 성장을 한다고 한다. 어느 정도 성장을 하면 한동안은 정체기가 이어진다. 나는 지금 정체기에 있다고 믿고 더 성장할 나를 기대하며 하루를 보내기로 했다. 나는 어차피 잘 할 거니까.

입사 두 달 차 신입직원의 일기

김현아

입사 1개월에 '적응'이라는 벽에 부딪혀 보냈다면 한 달이 지나면서 새로운 막이 시작됐다.

내 기억으로 입사 두 달이 시작될 무렵 소장님과 매일 슈퍼비전을 시작하게 됐다. 슈퍼비전은 거의 업무와 관련된 이야기만 할 것이라는 나의 생각과 달리 삶의 다양한 이야기를 나누었다. 소장님과의 슈퍼비전이 내가 적응을 하는데 큰 도움이 됐다. 당연히 처음엔 기관의 대표와 만난다고 생각하니 긴장을 하고 불편하다고 생각했다. 물론 이 생각이 일주일도 가지 않았다. 내가 경력과 경험이 훨씬 부족하지만 나를 존중해주신다는 느낌을 받았다. 소장님은 주로 내가 생각해볼 수 있는 질문을 던져주시는 편이다. <u>"오늘 가장 행복했던 일은 무엇일까요?", "선생님이 생각하는 자치란 무엇인가요?", "선생님이 생각하는 행복이란 무엇인가요?"</u> 등 질문을 주신다. 질문 자체만 보면 어렵지 않은 질문이다. 어렵지 않은 질문이라 생각해도 막상 쉽게 답하기 어렵다. 이런 질문을 통해 계속 생각하며 성장해 나간다고 느꼈다.

적응도 현재 진행형이다. 회의에서 입사 한 달차에 비해 알아듣는 말이 많아졌다. 모든 것을 이해하지는 못해도 회의에 같이 참여하는데 문제가 되지 않는 정도는 됐다. 선생님들 뿐 아니라 청소년들과의 긍정적인 관계가 형성되니 하루하루가 즐거웠다. 월간회의를 진행할 때 처음으로 내가 맡은 팀에 대한 브리핑을 했다. 짧은 보고이지만 회의 전 미리 프린트해 강조할 부분을 정리하며 연습을 계속했다. 회의에서 다른 선생님들이 입사 한 달이 지난 나에게 내가 챙기면 좋을 점과 잘 하고 있는 부분에 대해서 이야기도 해주셨다. 선생님들께서는 나의 장점은 피드백을 수용하는 능력과 실행하려 노력하는 태도라고 해주셨다. 나의 긍정적인 에너지가 청소년들에게도 좋은 영향을 끼치고 있다고 해주셨다. 나도 잘 모르는 내 장점을 구체화시켜 이야기해주시니 너무 감사했다. 월간회의를 마친 후 조금 늦은 나의 입사 환영회를 했다. 환영회에서 하는 건배사는 아직 어렵다. 앞으로 더 노력하고 발전하는 모습을 약속하며 환영회가 마무리 됐다. 입사 2달차의 나는 조금씩 업무를 늘려가며 '내가 업무를 맡고 진행한다'라는 성취감에 뿌듯해했다. 다들 너무 예뻐해 주시고 적응도 해가니 신났던 것 같다. 실망시켜드리고 싶지 않아서 더 열심히 준비했다. 플리마켓을 진행할 시 물건의 가격표를 깜빡해 당일 급히 제작을 하거나 신규청소년 모집 활동에 모집 포스터를 챙겨가는 것을 생각하지 못하는 등 아직 놓치는 부분도 많아서 업무를 온전히 내가 맡기엔 무리가 있을 수 있지만 최선을 다했다.

청소년들과 외부행사를 진행하거나, 외부 청소년들을 대상으로 프로그램을 진행하기도 했다. 처음으로 시행안을 쓰게 됐다. 처음 작성하다보니 다른 선생님들이 작성한 시행안을 참고하기도 하고 피드백도 많이 받았다. 그 과정에서 놓치는 부분도 많았다. 아무래도 나는 배우러 온 실습생이 아니라 일을 하러 온 담당간사이기 때문에 선임 선생님이 모든 것을 챙겨주기엔 무리가 있다. 나는 보조자가 아니라 담당자라는 것을 이 시기에 많이 배웠다.

처음으로 외부에서 청소년들과 함께 플리마켓을 이틀간 진행했다. 청소년들과 자원활동가 선생님들이 체험부스도 함께 운영하며 자신들이 만든 물건들을 판매했다. 청소년들끼리 역할을 나누어 더 잘 할 수 있는 일을 맡아서 진행했다. 플리마켓을 진행할 때 하루 종일 청소년과 같이 있다 보니 내가 입사하기 전 청소년들이 달그락에서 활동했을 때 이야기, 청소년들의 개인적인 이야기 등 여러 이야기를 나누며 더 친밀해졌고, 지역사회 많은 분들이 달그락 청소년들이 진행하는 플리마켓이라고 보러 와주시기도 하고, 청소년들이 초대한 지인들도 오며 성황리에 마쳤다. 청소년들도 예상한 금액보다 더 많은 수익을 얻어 들뜨며 이 돈을 어떻게 사용할지 이야기를 나눴다. 그 모습을 보니 하루 종일 밖에서 활동한 나의 일이 보람차다고 느꼈다. 플리마켓을 진행한 다음 주 달그락에서 제과제빵 자치기구 달달베이커리 청소년들이 외부청소년들을 모집하기 위해 베이킹 원데이클래스도 진행했다. 순조로울 거라 생각했던 프로그램이지만 예상치 못한 변수들이 있었다. 예약했던 청소년들이 당일에 못 오거나 버터가 고체 상태일 때와 액체 상태일 때 그램이 다르다는 것을 생각하지 못하는 등 너무 정신이 없었지만 내가 담당간사이고 이 프로그램을 무사히 잘 끝내고 참여한 청소년들이 좋은 기억을 가지고 갈 수 있게하려고 노력했다. 원데이클래스를 진행한 청소년들도 너무 고생 많았고, 자원활동가 선생님들도 너무 고생 많으셨다. 프로그램을 잘 마무리했다는 생각에 그저 모든 것이 감사하다고 느껴졌다.

이렇게 나의 입사 두 달이 지나갔다. 인턴기간이 1개월 밖에 남지 않았다. 조금 과장해 눈 몇 번 깜빡이고, 커피 몇 잔 마셨더니 두 달이 지났다. 소장님께서 해주시는 슈퍼비전이 정말 좋았는데 이 시간이 한 달밖에 남지 않아 아쉽다. 일을 하면 할수록 내 업무를 알아가며 다른 선생님의 일도 알아가다 보니 다들 얼마나 많은 일을 맡고 계신지 느껴졌다. 과연 한 달 뒤 '다른 선생님처럼 잘 할 수 있을까?'라는 생각을 하며 나의 입사 두 달이 마무리 됐다.

입사 세 달 차 신입직원의 일기

김현아

적응의 정의는 잘 모르겠지만 차차 나만의 방식으로 적응해 나아가고 있는 것 같다.

잠이 소중한 나는 점심시간에 30분은 식사하고 나머지 시간은 낮잠을 잔다. 꿀잠이다. 사무실 한 공간에 앉거나 누워서 활동할 수 있는 곳이 있다. 잠은 자도 자도 졸린 것 같다. 요즘 나의 일상은 회사 집 이 두 개 밖에 없다. 뭐 다른 사람이라도 특별하게 보내지 않겠지만 나의 동선이 단순화 됐다. 집에서는 글을 쓰고 씻고 잠자는 것이 거의 전부다. 휴일에도 거의 잠을 잔다. 하루는 오후 4시까지 자고 시계를 봤다 깜짝 놀라 겨우 일어났다. 더 잘 수도 있었지만 너무 폐인처럼 사는 것 같아 일어났다. 점점 내 일상이 달라지고 있음을 세 달 차가 되니 더 느낀다. 입사 초반엔 휴일엔 무조건 전주에 가거나 친구들을 만났었다. 하지만 지금은 친구에게 연락하려다가 고민을 한다. '과연 이번 주말에 피곤해하지 않고 잘 만날 수 있을까? 그냥 집에서 쉴까?' 이런 고민을 하는 내가 변했다고 생각이 든다.

생각보다 두 달 차와 변한 것이 없다. 그때는 알아듣는 것이 생겨 기뻤던 반면 지금은 여전히 못 알아듣는 것이 있다는 사실에 약간의 좌절을 한다. 발전하고 있다 생각했는데 머물러 있는 것 같다. '벅차다.' 요 근래 가장 많이 떠오른 문장이다. 잘 할 수 있을까? 내가 맡아도 되는 일인가? 나에 대한 의문이 생겨나고 있다. 내 의문에 대한 답은 내가 아닌 다른 사람에게서 찾을 수 있었다. 나도 모르는 질문의 답을 다른 사람들이 해준다. 잘 하고 있다고. 그 말을 믿고 싶어졌다. 내가 잘 하고 있다고. 잘 모르겠다. 일을 시작하며 언어를 조심하고 있다. 내 언어가 의도치 않게 상대방에게 무례로 보일 수도 있기 때문이다. 입사 초기보다 더 조심하고 있다. 무례한 사람이 되지 않기 위해서 더 긴장하고 있다. 중요한 분들과 만나면 더 긴장을 하다 보니 밥을 잘 먹지 못한다. 누군가는 *"아직도?"* 라며 물을 수 있지만 나는 여전히 식은땀을 흘리며 어렵다.

내가 기대한 입사 세 달 차의 모습은 이게 아니다. 적응을 마치고 날아다녀야 하는데 아직도 이런 모습이라니. 멋진 직장인이 되어 있을 거란 내 기대와는 다르게 여전히 하루하루 정신없이 살아가는 사회초년생 티를 못 벗은 것만 같다. 다만 소장님과 보내는 시간이 늘면서 더욱 가까워졌다고 느끼고 다른 선생님들과도 잘 어울리고 있는 것 같다. 동료 선생님과는 사소한 일상도 공유한다. 그럴 때 나는 즐겁다. 가장 많이 시간을 보내는 사람들과 더욱 친밀한 관계가 되니 나의 일상의 만족도가 올라갔다. 선생님들과 같이 밥을 먹는 시간도 즐겁다. 일을 하며 알게 된 사실은 내가 스트레스를 받거나 긴장을 하면 입맛이 싹 사라진다는 것이다. 그치만 선생님들과 식사를 할 때는 잘 먹는다.

눈을 감았다 뜨니 세 달이 지났다. 절대 안 올 것 같던 여름활동의 절반이 마무리되고 7월이 지나갔다. 여름이 끝난 후 내 모습을 종종 상상한다, 그때의 나는 좀 달라졌으려나? 멋진 활동가가 되었으려나? 궁금하다. 그때쯤이면 오글이 거의 끝나갈 때일 텐데 글을 쓰는 것이 습관화 되어 있을까? 오글 4주가 지났지만 아직 습관이 안 되고 까먹고 있다. 입사 초기 글쓰기 경험이 부족했던 난 처참한 글을 작성했다. 세 달이 지난 후 나는 동료 선생님들이 느껴질 정도로 글이 발전했다. 앞으로 나아가는 과정이 너무 순탄하기만 한 것도 이상하다. 처음 가보는 길이니 어렵고 시간이 걸리는 것 같다. 모든 사람이 처음부터 잘하기는 어렵다. 그렇기에 노력이 필요하다. 앞으로 더욱 발전해야겠지만 나의 몇 달 후가 기대된다. 나의 입사 세 달 차는 두 달 차 때처럼 크게 발전을 하지는 못했지만 그 속에서 느끼는 것도 많고 나에 대해 많이 알아볼 수 있었던 시기이다. 직장에서 보내는 나의 미래가 기대되는 입사 세 달차 신입직원이다.

직장을 다니며 생긴 특별한 관계

김현아

인턴이 끝나면 일상이 크게 달라질 거라 생각했다. 3개월이 끝난 당일 다른 선생님의 축하 인사가 없었다면 모르고 지나갈 정도로 큰 영향은 없었다. 업무도 변하지 않았다. 하던 일을 계속 하고 있다. 변화가 생긴 부분은 한 가지다. 선생님들과의 관계다.

내가 일하는 기관은 두 곳으로 나뉘어 있다. 평일엔 각자 사무실과 공간에서 일하고 토요일은 청소년자치공간 달그락달그락에서 전체 선생님들이 청소년들을 만난다. 매일 찾아오는 청소년도 있고 프로젝트나 활동을 이어가는 청소년이 있는데 이때엔 각 담당 선생님들이 만나면서 청소년 자치활동을 지원한다.

맡은 업무가 많아서인지 야근이 잦다. 그때 선후배 동료들과 이야기도 나누고 도움도 받는다. 어떤 선생님께 작은 도움을 드렸더니 "선생님들, 너무 감사해요. 저 때문에….”라고 말하셨다. 내가 "어우! 어차피 다 서로 도와가면서 하는 건데 그런 게 어디 있어요! 저도 나중에 다 도와달라고 할 거예요!”라고 답했다. 3개월 만에 아주 가까워졌다. 월간 회의를 진행하려고 하는데 준비 자료를 프린트 못 한 것이 있으면 개인 카톡으로 파일을 보내면서 "선생님, 혹시 지금 이거 프린트할 수 있으실까요?”라고 요청이 온다. 그럼 나는 속으로 내가 일을 부탁할 정도로 믿음이 생겼나? 생각하며 속으로 기뻐한다. 자주 만나지는 못하지만, 업무상 계속 연락하고 서로 지지와 도움을 주며 유대감을 쌓아가고 있다.

지인이 누구나 알만한 대기업에 취직했다. 어느 날 전화가 와서 자신의 힘겨움을 토로했다. 어려움을 말할 사람조차 없었다고 했다. 같이 일하는 사람과의 관계에 큰 어려움을 겪고 있었다. 모두가 예민한 상태지만 입사한 지 며칠 안 되는 신입 앞에서 다른 사람 뒷담화를 너무 쉽게 한다고 했다. 하루 종일 식사도 못했는데 "밥 먹었냐?”며 물어보는 이도 없었다. 온종일 대화를 나누지 못하는 날도 있었다는 등의 하소연을 했다. 전화로 이야기를 들으며 일도 일이지만 같이 일하는 사람 또한 정말 중요하다는 생각이 들었다.

지인의 고민을 듣기 직전 기관에서 진행하는 큰 프로젝트 때문에 다 같이 일을 하던 도중 한 선생님이 "선생님들 저 때문에…. 너무 감사해요!”라고 말하시고 "에이! 우리끼리 그런 말 하지 말아요!”, "우리는 서로 감사할 거니 괜찮아요!” 등 선생님들과 서로 격려하고 감사하다고 이야기했었다. 이런 대화를 나눌 수 있는 내가 운이 좋다고 생각했다. 이런 나의 생각을 말하면 청소년이나 같이 일하는 선생님들께서 나를 긍정적이라고 말한다. 웃기는 이야기지만 나는 달그락 비키라는 별명을 갖게 됐다. 모두가 럭키비키다.

기관 선생님들과도 유대감이 쌓이면서 업무 시간 외에도 선생님들을 만나게 됐다. 하루는 이한 선생님과 카페에서 업무 이야기를 나누었다. 선생님이 몇 년간 어떻게 일했는지, 어떻게 입사하게 되었고 그 전에 청소년자치연구소 실습생일 때 출연했던 방송부터 다른 선생님들과의 관계까지 개인적인 이야기를 나누게 됐다. 이한 선생님과 저녁식사를 하면서 이후 카페에 가서까지 계속해서 쉬지 않고 대화했다. 이야기 중 휴대폰을 보다가 오늘 저녁 유성우가 떨어진다는 소식을 접했다. 갑자기 흥미가 샘솟으며 *"선생님! 오늘 저녁 선유도에서 유성우 보실래요?"* 제안했다. 선생님도 제안에 동의하시며 일단 각자 집으로 돌아간 후 씻고 늦은 밤 다시 보기로 기약했다.

무계획 그 자체의 하루를 보냈지만 밤바다에서 떨어지는 유성우를 보는 것은 낭만 가득한 시간이었다. 선유도 가는 길에 늦은 시간 불이 켜져 있는 달그락을 보고 다른 선생님께 전화를 걸어 같이 가자고 했지만 업무 때문에 어려워하셨다. 편의점에서 맥주와 간식을 사고 드디어 바다로 갔다. 밤바다와 어울리는 팝송을 들으며 이 순간이 비현실적으로 다가올 정도로 좋았다. 돗자리를 사와 철썩이는 파도 소리를 들으며 떨어지는 유성우를 봤다. 모기에게 헌혈을 많이 했지만, 그것조차 상관없는 순간이었다.

밤바다를 같이 본 후 이런저런 이야기를 더 나누다가 여름휴가 때 놀러 가려고 새 수영복을 샀으나 같이 가는 분들의 일정이 맞지 않아 물놀이를 가지 못한 이야기를 듣다가 이한 선생님께서 *"다음 주 휴일에 저희 집(지리산)에 같이 가서 물놀이해요!"* 라고 제안하셨다. 그 말을 듣자마자 *"정말요? 전 너무 좋죠!"* 이렇게 나의 지리산 동행이 결정됐다. 같이 일하는 선생님의 본가에 같이 가다니! 지리산이라는 공간에서 2박 3일이라니. 지리산 도착한 후 산채비빔밥과 표고버섯전 그리고 막걸리로 식사했다. 선생님 부모님도 만나 뵙고 준비한 선물도 드리고 저녁에 다같이 고기를 구워 먹었다. 다음 날 아침 티타임과 물놀이 시간을 계획했으나 너무 푹 자서 눈을 뜨니 11시라 오전에 세워두었던 모든 계획이 무산됐다. 점심에 선생님 어머님께서 준비하신 콩물로 콩국수를 먹는 동안 콩국수 논쟁이 벌어졌다. *"콩국수는 당연히 설탕이죠!"* *"엥? 콩국수에 소금을 넣어야죠!"* 결국 각자 서로의 콩국수를 먹어보고 너무 달고, 너무 짜다는 평가를 남기며 각자 콩국수를 먹었다. 아침저녁에 종소리가 들려 여쭤보니 근처에 절이 있다고 해서 밥을 먹고 절로 향했다. 저녁엔 근처 이웃분의 집에 초대받아서 족발과 과일과 술을 먹었다. 처음 보는 분들이었지만 즐겁게 이야기를 나누고 돌아오는 길에 밤하늘 가득한 별과 반딧불이를 보며 지리산이라는 공간을 더 좋아하게 됐다. 지리산 일정은 마지막 날 선생님 아버님께서 군산에 데려다주시면서 끝이 났다.

직장동료이지만 이렇게 깊은 관계를 맺을 수 있음에 감사하다.
선생님들과 일 외의 시간에도 만나 웃으며 시간을 보내면 좋을
것 같다. 동료들과 추억이 생기고 있는 지금이 너무 행복하다.
이 관계가 내 삶의 질에 긍정적인 영향을 끼친다. 그렇다면
이런 관계를 만들기 위해 나는 어떤 노력을 했는가? 사람과의
관계에서 '노력'이라는 단어를 생각해 본 적은 없다. 내가
궁금하고 흥미롭다고 생각하는 사람이면 더 만나고 이야기 나누며
알아가고 싶은 마음에 휴일에 선생님들과 시간을 보내는 것 같다.
직장동료라는 관계 속에서는 실수하면 안 된다는 것을 알고 있다.
회사에 다니는 동안은 계속 얼굴을 마주 보며 시간을 보내야
한다. 그래서 역설적으로 회사 동료들과는 깊은 관계를 맺지 않는
사람도 많다. 그렇기에 달그락에서 선생님들과의 관계는 더욱
특별하게 느껴진다. 나도 선배들에게 더 좋은 동료와 친구로
성장할 수 있도록 노력해야겠다.

6.

청소년

우당탕탕 청소년활동

코로나 종식 이후 두 번째 맞이한 여름방학

김영희

코로나 팬데믹을 지나는 동안 청소년들은 원치 않는 일상의 변화를 맞았다. 바이러스의 공포 속에 등교가 제한되었고, 친구와 선생님, 주위 사람들을 만날 수 없었으며, 모든 활동에 제한을 받았다. 인터넷에 의존한 생활은 청소년들에게 비만과 체력저하, 관계 맺기의 어려움, 사회성 부족, 우울증 등의 신체적, 정신적 건강에 심각한 문제를 낳았다.

이에 학교는 더 이상 단순히 학습만을 위한 공간이 아닌, 만남을 통해 또래 집단 간의 관계 형성, 사회성, 협업을 배우는 곳으로, 청소년수련시설은 이를 안전하고 재미있게 실천할 수 있는 공간으로 재인식되기 시작했다.

청소년수련시설은 크게 생활권수련시설과 자연권수련시설로 나눌 수 있다. 생활권수련시설은 학교나 집 근처에서 일상생활 중 방문이 가능한 곳으로 청소년수련관, 청소년센터, 청소년문화의집이 있다. 자연권수련시설은 청소년들이 가정과 학교를 벗어나 자연 속에서 숙박하며 활동하는 곳으로, 청소년수련원, 청소년야영장, 유스호스텔이 있다. 청소년수련시설은 각 기관의 특성에 맞는 프로그램, 지도자, 활동시설을 갖추고 있으며, 청소년들에게 다양한 체험활동과 경험을 제공한다. 국립청소년수련시설은 현재 7곳 운영 중이다. 국립청소년수련시설은 야외모험, 역사 및 문화예술, 천문우주, 생명과학, 해양, 미래환경, 생태체험 등을 주제로 전문성과 체계성을 갖춘 다양한 프로그램을 청소년에게 직접 제공해, 청소년의 건강한 성장을 지원하고 있다. 또, 프로그램을 개발, 보급해 청소년 활동의 질을 높이고, 청소년 지도자를 양성하는 역할을 담당하고 있다.

코로나 종식 선언 이후, 2번째 맞이하는 여름방학이 시작됐다. 방학은 여행이나 체험활동 등 다양한 직접적인 경험을 통해 견문을 넓히기 좋은 시기다. 하지만, 청소년 대부분은 방학 기간 체험활동보다는 입시경쟁 속에서 부족한 학업을 보충하는 데 시간을 보내고 있으며, 또 그렇게 보내길 요구받고 있다. 특히 학년이 올라갈수록 이런 경향은 더욱 짙어져, 중고등학교 청소년(13세~18세)들은 학교만 가지 않을 뿐 학원, 스터디카페 등으로 장소를 변경해, 고군분투하고 있다. 여기서 잠깐! 우리는 코로나 팬데믹이 끝났다고 안도하며, 다시 무한경쟁의 세계로 청소년들을 내몰고 있는 것은 아닌가? 청소년들의 단절, 불안, 고립, 무기력은 이제부터 더 심화될 수도 있다. 이런 조짐은 "친구가 왜 필요해요? 없어도 괜찮아요. 오히려 혼자가 마음 편해요. 저는 관심 없는데요. 아무것도 하고 싶지 않아요."라는 표현으로 들려온다. 이는 결코 청소년 개인의 문제가 아니라 우리 사회 전체의 문제다. 청소년 세대의 고립과 우울은 바로 청년 세대로 이어지며, 이미 고립·은둔 청년이 수십만 명에 이른다고 한다.

그렇다면, 지금 청소년에게 필요한 여름방학은 어떤 방학일까?

먼저 청소년들에게 물어보자. 방학을 어떻게 보내고 싶은지, 뭘 하고 싶은지. 학업, 공부 이외에도 관심 있는 활동은 무엇인지. 청소년은 부족함도 있지만, 그 부족함을 스스로 채우고 해결해 나갈 힘을 가진 존재다. 유아나 초등학교 저학년 때는 부모나 주위 어른들의 돌봄이 필요하지만, 사춘기 이후가 되면 오히려 돌보지 않는 돌봄이 필요하다. 방학을 청소년들이 주도적으로 설계할 수 있도록 청소년에게 묻고, 경청하고, 의논하고, 방법을 만들고 찾게 하자.

두 번째는 청소년들의 활동반경이 가정과학교의 울타리를 넘어설 수 있도록 돕자. 학교 밖 봉사활동, 동아리 활동, 교류 활동 등이 더 이상 학생생활기록부에 기록되지 않는다는 이유로 청소년들의 학교 밖 활동은 급감했다. 학교 내 활동들은 대부분 교사에 의해 기록되고 평가된다. 매일 만나고 보는 친구의 시선, 말 한마디가 신경 쓰이는 일이 된다. 학교 밖에서 하는 활동들은 훨씬 자유롭고, 자연스러운 만남이 이루어진다. 평가와 관계, 학교생활에 지친 청소년들은 학교 밖에서 비슷한 관심사와 취미를 가진 친구를 만나는 것만으로도 힘을 얻는다. 집 근처에서 일상적으로 활동할 수 있는 생활권 수련시설에 노크 해 보자. 평소 관심 가졌던 다양한 체육 활동, 문화예술 활동, 지역사회 봉사활동 등에 청소년들이 참여할 수 있도록 안내하자. 긍정적인 작은 경험들이 계속 쌓이면, 청소년들은 자신의 역할을 발견하고, 그 역할을 해내면서 자신감과 자긍심을 키운다.

세 번째는 청소년들이 익숙한 일상생활에서 벗어나 낯선 것에 도전할 기회를 만들어 주자. 여름방학은 익숙한 공간에서 벗어나 산, 들, 바다 등 자연으로 떠나기 가장 좋은 기간이며, 집이 아닌 낯선 곳에서 숙박 활동을 통해 다양한 사람과 어울릴 수 있다. 자연권수련시설은 야외모험 활동, 생태 탐방, 탐험 활동, 캠핑, 여행 등을 통해 청소년들이 다른 사람들과 자연스럽게 관계를 형성하도록 도우며, 도전과 협업의 중요성을 경험하게 한다. 숙박과 생활을 통해 나와 친구의 낯선 모습도 발견하게 된다. 이는 설렘과 긴장을 느끼게 하며, 새로운 즐거움을 찾는 경험이 된다. 자연은 정서적 안정을 돕는 데도 큰 역할을 한다. 도시의 소음, 공해에서 벗어나 공기에서부터 느껴지는 신선함, 풀벌레, 바람, 수많은 별은 자연을 접하는 것만으로도 지친 마음에 회복을 준다.

청소년수련시설은 청소년의 성장을 돕는 활동장으로서, 청소년들에게 느슨하고 낯선 만남을 주선하며, 자신의 주변에 관심을 갖게 하고, 더 넓은 세상으로 안내하는 곳이다.

방학(放學)은 잠시 '학업을 놓는다'라는 의미다. 방학 기간만큼은 청소년들이 학업의 스트레스에서 벗어나 다양한 체험과 경험을 통해 자신을 발견하고, 타인을 존중하며, 더불어 사는 우리를 발견하길 바란다.

청소년과 함께 '청소년활동정보서비스 e-청소년'을 검색해 보는 것은 어떨까? 다양한 청소년수련시설의 체험활동이 청소년을 기다리고 있다.

검정고시가 끝나자 그 다음 단계 대입에 관심이 생기신 부모님들을 위해 비전문가인 내가 검정고시생을 위한 '대학입학 수시설명회'를 진행하게 됐다. 때는 바야흐로 불금 저녁 10시 무렵, 여느 날과 다름없이 09년생 단톡방에서 이런저런 수다를 나누고 있었다.

그러다가 대입 수시 이야기가 계속 되면서 "그럼 설명회를 해야 하나?" 이 한마디를 던졌는데, 갑자기 솔바람님이 "언제요?" 하시길래 "글쎄요. 조만간 해야 되나 싶기도 하고." 이런 식으로 대화가 이어지면서 흐지부지될 줄 알았다. 하지만, 나의 생각은 큰 오산이었다. 계속 언제 할 거냐고 물으셨고, 다음 주엔 휴가를 가신다며 주말에 하자고 하셨다. 노트북이랑 패드가 연동되니 전반적인 모든 것을 도와주시겠다고 결정을 내리셨다. 톡을 나누는 그 와중에 이미 연동이 잘 되는 것까지 확인하셨다며 장소 잡는다고 했다. 동탄에 스터디카페를 순식간에 조회하시고, 시간은 언제가 좋으냐 물으시자마자 예약까지 끝내버리셨다. 이 와중에 바두기 님이 등장하셔서 "카페에 설명회 한다고 올리면 되죠?" 이러셨다. 이렇게 순식간에 그 다음날 토요일 오전 10시30분 동탄 어느 스터디룸에서 작당 모의 하듯 설명회가 시작됐다.

솔바람님께서 ZOOM 회의를 열고, 대기자 분들을 입장시키셨다. 드디어 설명회가 시작되었고, 탭 화면이 공유되면서 내가 글씨를 쓰자 동시에 화면에도 나타나는 신기한 경험까지 하게 됐다. "글씨체가 왜 이렇게 엉망이지? 저 글씨체 이상하지 않아요. 처음이라 그래요." 하하. 이런 쓸데없는 이야기까지 해가며 두 시간 넘게 설명회를 진행했다. 그 흔한 PPT 하나 없이 무슨 용기였는지. 역시 무식하면 용감하다는 말, 틀린 말 아니다. 솔바람 님은 강남에서 학원을 운영하셔서 그런지 인강으로 수업하셨던 경험을 살려 화면을 띄우는 것뿐만 아니라 중간 중간 도움 되는 정보까지 말씀해 주셨다. 바두기 님은 중요한 질문과 대답을 체크해 주시면서 설명회가 끝나고 깔끔하게 내용을 파일로 정리해주셨다. 파워 J를 직접 보다니 나와 너무나 다른 모습에 또 한 번 놀랐다. 이렇게 정리가 되니 뭔가 내가 중요한 말을 하는 사람처럼 느껴졌다. 참 감사한 일이다.

설명회를 하게 된 이유는 아들 대학입시를 치르면서 아쉬운 점이 많아서 나처럼 헤매지 않으셨으면 해서다. 검정고시 성적만 있으면 수능을 보지 않아도 대학에 입학할 수 있다는 것을 몰랐다. 얼마나 무지했던 엄마였는지 지금도 여전히 그 생각을 하면 속상하다. 나처럼 준비 없이 자퇴를 한 자녀가 용기를 내서 검정고시를 본 다음 단계에서 무엇을 해야 되는지 갈팡질팡하는 학교 밖 청소년 부모님들께 이런 방법도 있다는 것을 알려드리고 싶었다. 그동안은 입시철마다 간단하게 온라인으로 알려드렸다. 나는 입학 요강을 본 적이 없었기에 관련 도서를 구입해서 읽고 밑줄 치고, 대학교별로 입시에 필요한 정보를 수첩에 적고, 이해되지 않는 부분이 있으면 각 대학 입학처에 수없이 전화를 하면서 혼자 아들의 대학입학 수시를 치렀다. 처음엔 막막했지만 막상 해보니 누구라도 할 수 있겠다 싶어서 부모님 눈높이에 맞춰서 입학요강 보는 법을 알려드리고, 수시원서 쓸 때 자잘하게 알아두면 좋은 팁, 그리고 경쟁률과 내신 산출 보는 법, 추가합격의 의미 등을 이야기해 드렸다. 입시전문가가 보면 코웃음을 칠지도 모른다. 하지만, 괜찮다.

어느덧 두 시간을 훌쩍 넘어 오후 한 시가 다 되어갔다. 살펴보니 스물네 분 부모님들께서 남아계셨다. '아이구 점심도 못 드시고 계속 들어주시다니' 갑자기 미안한 마음이 들었다. 깔끔하게 시간 내에 끝냈어야 했나 싶기도 했다. 끝내기 아쉬운 마음에 블랙이 가득한 단체 사진도 찍어보고, 감사 인사를 전하며 설명회를 마쳤다. 드디어 무사히 끝났다. 번갯불에 콩 볶아 먹는 것도 이것보단 나을 듯싶다. 우리 어머님들 추진력 우주 최강이다. 말 한마디로 입시설명회를 갑자기 하게 되었고, 녹화까지 해서 못 보신 분들을 위해 카페에 올리게 됐다. 물론 영상편집도 카페 회원이신 민트초코님께서 순식간에 해주셨다.

숨은 고수 찾기 너무 쉬운 우리 '학교 밖 청소년 부모 연대'. 진심으로 멋지고 자랑스럽다. 설명회를 마치고 오늘의 일등공신 두 분과 허기진 배를 채우러 갔다. 이 두 분과는 세 번째 만남이었다. 전생에 가족이었을지도 모를 만큼 만나는 순간 확 친해졌다. 오늘 같은 일이 가능한 것도 그런 이유가 아닐까 짐작해본다.

참! 요즘 유행인 요아정에 가서 디저트까지 야무지게 먹으며 못다 한 이야기를 원 없이 나눈 거 안 비밀.

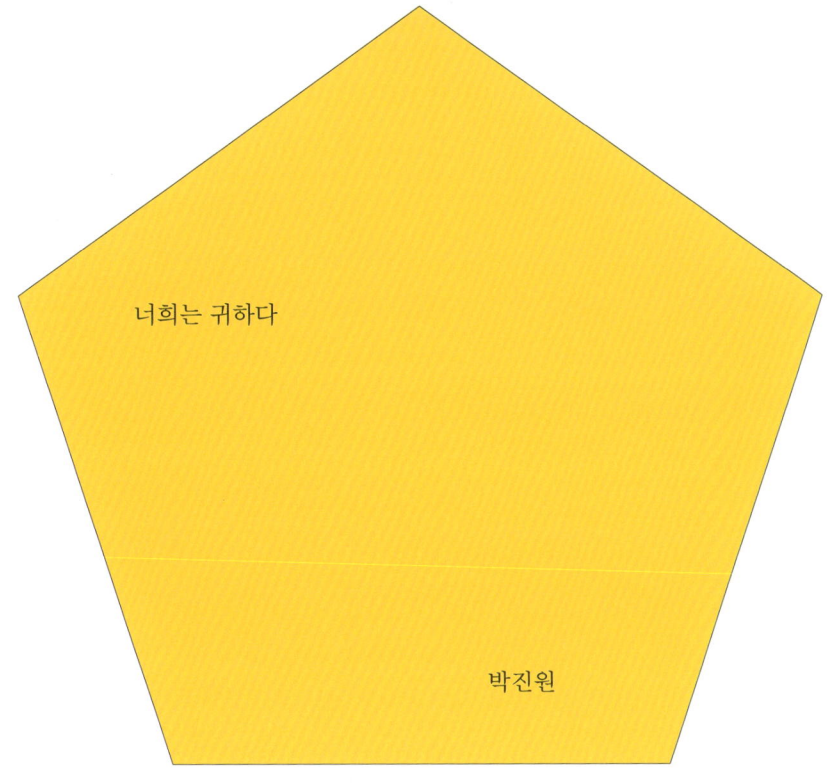

이틀 동안 일곱 명의 딸내미들을 보면서 많은 생각이 들었다. 일단 나이를 보면 16세 네 명, 15세 한 명, 13세 한 명, 12세 한 명. 그 중 두 명은 학생이고, 나머지 아이들은 학교 밖 청소년이다. 대부분 처음 만난 사이였고, 엄마들도 마찬가지였다. 처음 본 사이에 하룻밤 파자마 파티를 하고, 다음날엔 에버랜드에 가는 일정이었다. 얼마나 어색할까, 친해지는데 오래 걸리는 거 아닌가 걱정이 됐다. 역시 쓸데없는 걱정이었다.

이 걱정을 왜 했냐고? 몇몇 아이들이 학교에서 나온 이유가
관계에서 상처를 받거나 힘들었기 때문이다. 다름을 인정하지
않는 분위기. 다른 것은 틀린 것이 아닌데 다르다는 이유로
멀리하고 따돌리고 결국 친구들을 피해서 학교 밖을 선택할
수밖에 없었던 아이들. 하지만, 이틀 동안 본 아이들은 순하고,
친절하고, 웃음이 많은 딱 그 연령의 여자아이들 모습이었다. 굳이
다름을 찾는다면 아이들은 욕 비슷한 말조차 하지 않았다. 그래서
학교 적응이 어려웠을까? 물론 다른 학생들이 나쁜 말을 한다는
의미는 절대 아니다.

꺄르르 웃는 아이들을 보고 있으려니 뭔지 모를 뜨거운 것이
올라왔다. 친구들과 파자마 파티를 하고 싶었고, 놀이동산도
가보는 게 소원인 아이들. 이제야 아이들을 데리고 엄마들이 모인
것이다. 같이 노래방에 몰려가서 실컷 노래 부르며 친해졌고, 매운
떡볶이 나눠 먹으며 맵다고 호호 거리는 아이들은 이미 친구가
됐다. 누구는 너무나 평범하게 누릴 그것들이 이 아이들에게는
소원이 된 현실이 슬펐다. 일분일초가 아까워서 서로 꼭 붙어
다니며 놀이 기구를 같이 타고, 서로를 기다려주는 아이들.
그 모습을 지켜보며 어머님들은 모처럼 편하게 환상의 나라
에버랜드에서 행복해하셨다. 즐겁고 신나는 시간이었는데 난
자꾸만 눈물샘이 차올랐다.

학교는 배우고 익히는 곳인데 과연 무엇을 배우고 익히는 것인지
물음표만 남는다. 다른 건 모르겠고 학교가 색이 다른 모두가
어우러져 지내는 너른 마당이었으면 좋겠다. 놀이 기구를 실컷
타고 지쳐서 늘어져 있다가 단체 사진 찍자고 모이라고 하니
오밀조밀 모여 앉는다. 예쁘다. 한 명 한 명 달란트가 빛나는
아이들의 미래가 밝기를 바라본다. 학교는 품을 넓혀야 한다.
이렇게 뛰어난 아이들을 품고 키워 주지 못하는 이유가 무엇일까.

불과 몇 년 전까지 학교를 나오는 아이들의 대부분은
고등학생이었다. 학교밖청소년지원센터 프로그램도 고등연령에
맞춰서 진행됐다. 코로나 때는 카페 회원의 증가율이 미미했다가
코로나 종식 이후 학교 등교가 본격적으로 시작되자 회원 가입이
폭발했다. 특히 초중등 정원 외 관리가 되는 경우가 많이 늘어서,
지금은 중등 부모님들이 카페 회원의 대부분을 이루고 계신다.
초등과 중등은 의무교육과정이라 정원 외 관리 절차가 까다롭고,
최근 불미스러운 사건들로 인해 정원 외 관리가 되는 과정이
더욱 복잡해지고 있지만 학교가 학생들이 나오는 것을 막지는
못하는 듯 보인다. 출석일수 중 3분의 1을 결석해야 정원 외
관리 대상자가 된다. 결석하는 중간에 선생님이 아이를 만나서

안전함을 확인해야 하며, 의무교육관리위원회에 참석해서 유예 처리를 받아야 마무리가 된다. 이 지루한 과정에서 간혹 상처를 받는 경우를 보았다. 아이는 관계가 어려워 학교를 나왔는데, 선생님은 싫다는 아이를 끝까지 만나고 가시는 경우도 있었다. 매뉴얼대로 진행하더라도 아이의 입장에서 여유를 가지고 배려해줬으면 하는 아쉬움이 있다.

추가로 개선이 필요한 부분은 의무교육관리위원회에서 많은 부모님들이 받는 상처다. 여러 가지 이유로 아이가 학교 밖을 선택하는 것이 인생을 망치는 일이 아님에도 불구하고 *"학교를 나가면 낙오자가 된다, 벌써부터 집단생활을 어려워하면 사회적응이 힘들 것이다, 자녀가 학교 밖을 선택하는데 부모님은 무슨 이유로 말리지 않고 허락을 해 주셨냐."* 등 부모님들께 들은 이야기가 정말 사실인지 의심이 들 정도이다.

학교를 다니고 싶어도 다닐 수가 없는 아이들에게 '괜찮다' 이 한마디가 그렇게 어려운 일인가! 물론 돌아오고 싶으면 언제든 다시 오라고 안아주시는 고마운 선생님들도 계신다. 어떤 선생님, 어떤 친구를 만나는 것에 따라서 로또가 되는 학교생활이 아이들을 학교 밖으로 내보내고 있는 것이 아닌가 하는 생각이 든다. 누굴 만나든 어느 학교든지 간에 아이들이 힘든 상황을 맞닥뜨렸을 때 모두가 한마음으로 도움을 준다면 학교 안에서 행복할 아이들이 많아질 것이다. 정글보다 더한 학교 밖 생활을 아이들에게 맛보게 하지 않도록 제도가 마련되었으면 한다. 그럼에도 불구하고 학교 밖을 선택한 아이들에게는 또 다른 빛나는 길이 있음을 알려주자. 아이들이 힘내서 한 걸음 한 걸음 가볍게 걸어갈 수 있도록 도와주는 큰 울타리가 존재하길 바란다.

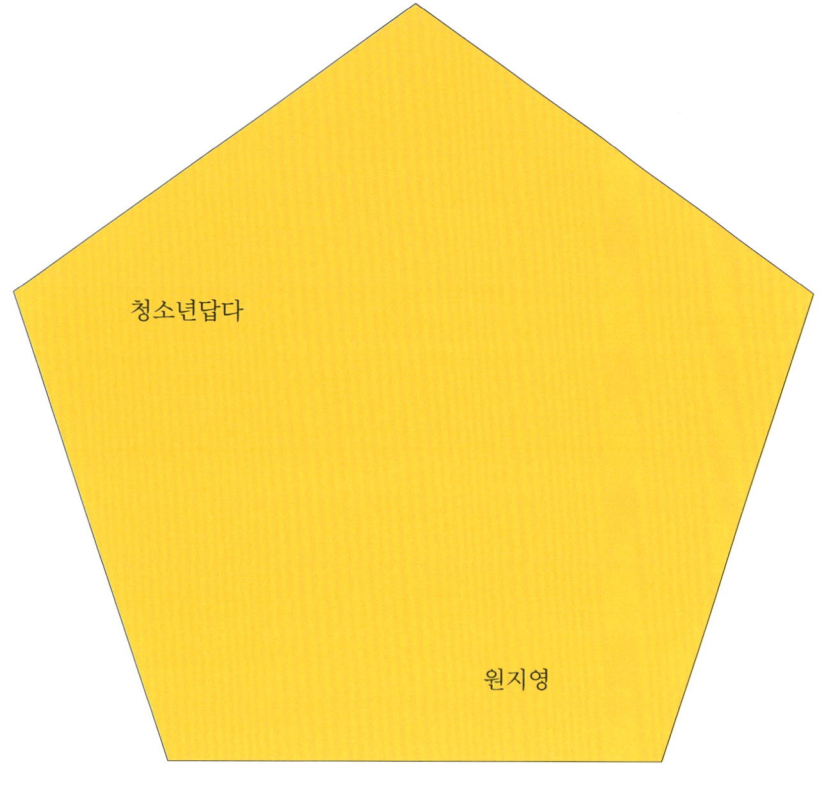

청소년센터에서 근무하다 보면 아이다움, 청소년다움에 대해 한 번쯤 생각해 보게 된다. 청소년을 생각하면 대부분 교복 입은 학생을 떠올린다. 단정히 교복을 입고 날티 나지 않는 해맑은 표정과 예의바르게 밝은 말투로 인사하는 모습을 청소년답다고 대부분 생각하지 않을까?

이번 프로그램으로 만난 친구들은 이런 모습과는 거리가 먼 친구들이었다. 조금은 공격적인 장난과 욕을 섞은 날 것의 말투로 시끄러운 이 분위기가 네 탓이네 아니네 야단법석 떠드는 친구들이었다. 근데 웬걸, 프로그램을 마치고 나서 보니 이 친구들은 내가 준비한 활동을 가장 열심히 한 1위 학교 학생들이 되어 있었다. 요란스럽게 활동을 시작한 것과 달리 제일 좋은 결과물을 보여준 것이다. 게다가 아쉬웠는지 한 번 더 해보고 싶다고 해서 자기가 해보고 싶은 노래로 체험을 한 번 더 하는 친구도 있었다. 내가 이번에 진행한 프로그램은 가수 체험에 가까운 레코딩 음악 프로그램이었는데, 집에서 혼자 열심히 노래 연습이라도 하는지 가사도 안 보고 혼자서 노래를 부르며 녹음하고 갔다. 처음엔 장난기 가득하게 꽥꽥거리며 노래하다가 중반부부터는 확 몰입이 된 모양인지 정확한 음정, 박자로 노래를 마무리했다. *"너 이 노래로 연습 많이 했어? 음정, 박자 정확하고 가사까지 외우고 있네."* 이 말 한마디 한 이후였던 것 같기도? 수업 분위기를 흐려 경고까지 준 학생이었는데 나갈 때 너무 깍듯하게 인사하고 가서 놀라버렸다. 귀엽고 웃겼다. 칭찬 한마디에 손쉽게 어른 대접 받은 거 같아 나도 모르게 웃음을 터뜨리며 잘 가라고 인사해 주었다.

그러다 불현듯 생각에 스쳐 지나가는 남자 청소년, 잼잼이와의 첫 만남을 떠올렸다. 청소년지도자로서 처음 맡아본 연극동아리에서 만난 친구 잼잼이와의 첫 만남은 쉽지 않았다. 연극동아리 첫 만남의 날에 (유독 여자아이들이 많았고 잼잼이를 포함해 남자 청소년은 2명이었다).아이들 사이에서 어울리려 열심히 노력하지만 묘하게 겉도는 친구가 잼잼이였다. 오랜 시간 동안 지켜보니 성별 문제로 겉도는 것이 아니었다. 어떤 즐거운 분위기가 만들어지다가도 잼잼이의 흐름에 맞지 않는 농담과 장난에 순식간에 분위기가 싸해지곤 했고, 노골적으로 눈살을 찌푸리는 친구도 있어 계속 지켜봐야 하는 집중 관찰 대상이 됐다. 잼잼이가 연극도 잘할 수 있을까…? 걱정이 나날이 이어졌으나 반전이 일어났다. 잼잼이의 반전이 일어나기 시작한 것은 잼잼이의 특성(어떤 말을 하면 썰렁해지는 분위기가 되는)을 살려 잼잼이 그 자체인 배역을 하나 만들어 낸 후였다. 연습 과정을 거치면서 잼잼이의 배역이 캐릭터 그 자체가 되어 연극동아리 친구들도 잼잼이를 독특하고 재밌는 친구로 인식하기 시작했다. 아이들은 점점 잼잼이와 가까워졌고 잼잼이는 잼잼이답게 지내면서도 연극동아리 친구들과 친해지고 있었다. 대망의 연극 무대, 그날 관객들의 반응은 미친 듯 터져 나왔다. 친구들과 지낼 땐 불편감을 줄 수 있는 대사들이나 행동이 무대 위에서는 엄청난 존재감, 개그 캐릭터로 빛이 난 것이다! 심지어 잼잼이는 발성도 좋아 대사 전달력이 꽤 훌륭했다. 무대 위에서 갈채 박수를 받은 잼잼이는 그 이후에도 연극동아리를 4년이나 더 하며 우리 센터에서 잘 자란 친구 중 한 명이 됐다. 앞으로 친구들과 잘 지낼 수 있을지 걱정될 만큼 관계에 서툴던 잼잼이는 연극에서 받았던 관객들의 찬사와 박수, 친구 배우들에게 받은 인정을 먹고 자라 새 사람으로 다시 태어난 것이다.

얼마 전 그 잼잼이가 고등학교를 졸업하고, 군대에도 입대해 휴가를 나와 무려 운전해서 우리 센터에 놀러 왔다. 심지어 비타500까지 사 들고…. 다 커버린 잼잼이는 이제 어리숙한 티는 벗어 던진 청년이 되어 대화에도 막힘이 없었다. 너무 신기했다. 이렇게 잘 크다니…. 언젠가 걱정했던 잼잼이의 어두워 보였던 미래는 거짓말같이, 그늘 한 점 보이지 않는 청년으로 쑥 커버린 게 대견하고 뭉클했다. 잼잼이는 자기가 그렇게 많이 컸냐며 본인은 맨날 자기를 보니까 모르겠다고 너털웃음을 지었다. 잼잼이는 함께 온 어머니를 모시고 차를 몰고 유유히 사라졌다. 귀한 군인의 휴가를 우리 센터로 오는 데 써줘서 고맙고, 찾아와 줘서 고맙다고 마음을 전했다. 이 말엔 이렇게 잘 커 줘서 고맙다는 마음도 한 스푼 섞여 있었으나 낯부끄럽기도 하고, 잼잼이의 장래를 어둡게 바라봤던 한때 나의 걱정이 창피하기도 해서 직접 말해주지 못했다. 아이들은 아이들답게 지내도 이렇게 잘 크는구나.

청소년다운 건 어딘가 흐트러지거나 한두 개의 교칙을 어기는 자기만의 방식으로 교복을 입는 것(꼭 교복이 아니어도 되는 청소년 개인과 가장 잘 어울리는 복장이 될 수도 있을 것이다.)이라고 문득 생각했다. 다른 사람과 같아 보이는 이 교복을 입고 있지만 나는 나다워지고 싶어. 나다운 모습이 어른들이 생각하는 <훌륭한 아이>, <잘 자란 아이>, <모범적인 아이>가 아니어도 *"그래, 이게 너구나"* 라는 이야기를 듣고 싶은 것. 그리고 존중받을 때 가장 잘 성장할 수 있는 존재가 청소년이라는 생각이 든다.

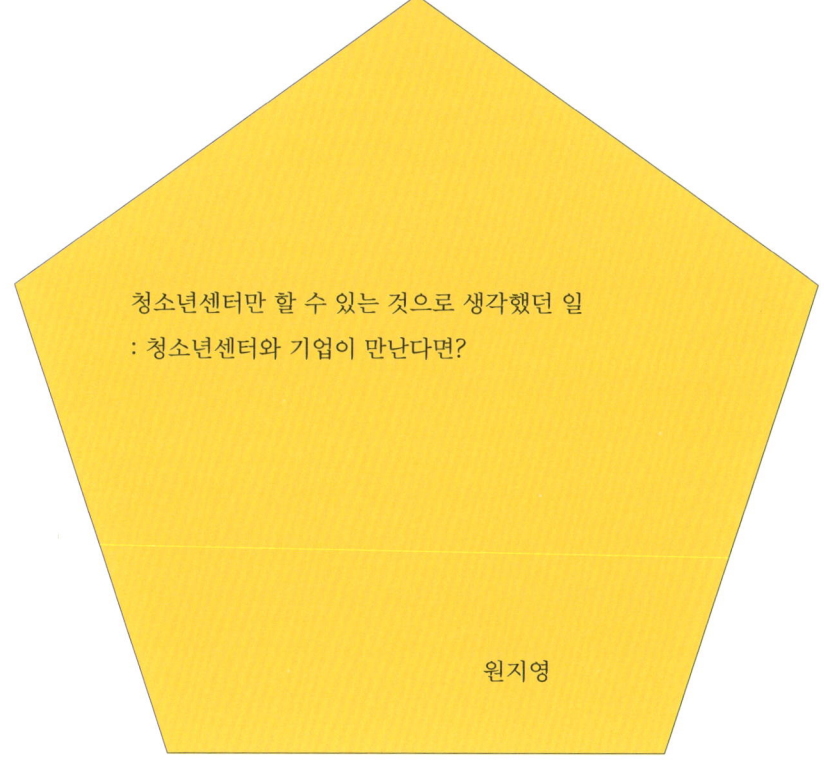

청소년센터만 할 수 있는 것으로 생각했던 일
: 청소년센터와 기업이 만난다면?

원지영

최근 백화점의 풍경이 많이 달라졌다. '아무나 들어오시기엔 조금 곤란합니다.'에서 '한 번 가볍게 놀다 가보세요!'라는 느낌으로 분위기가 많이 바뀐 것 같다. 유행과 쇼핑에 조금 더 가까운 이미지였던 백화점이 문화복합시설로 탈바꿈해 가는 것처럼 보인다.

그래서인지 백화점에 가보면 쇼핑백 한 보따리 들고 쇼핑하는 사람들보다 아이를 데리고 온 가족들이 더 많이 보이는 요즘이다. 이제는 주말에 백화점에 어떤 이벤트 행사를 하는지 기웃거리는 것이 일과가 되었을 만큼, 사람들에게 백화점은 친숙한 공간이 되었고 하나의 문화시설로 자리 잡았다.

나른한 주말의 어느 날, 엄마랑 같이 장도 보고 점심을 소화할 겸 요즘 핫한 백화점에 다녀왔다. 근데 백화점 1층 한쪽에 아이들이 북적북적했다. 엄마가 화장실에 다녀온다고 말한 사이에 아이들이 북적북적한 곳에 나도 모르게 발걸음을 옮겼다. 청소년지도자는 축제 기획자이기도 하므로 사람 많이 몰린 곳에 왜 사람이 많이 몰렸는지 구경은 해봐야 한다.

인파를 헤치고 가서 본 광경은 활기참 그 자체였다. 까르르 종이를 흩뿌리며 에어부스 안에서 놀고 있는 아이가 보였고, 통유리창 밖에서 신난 아이의 모습을 카메라에 담느라 바쁜 보호자들이 보였다. 좀 더 둘러보니 자본의 냄새가 한가득했다. 심플한 듯 무심하면서도 모던한 전시물들, 팝업 스토어의 의도를 잘 담아낸 홍보 배너, 흥미 요소까지 놓치지 않은 스토리까지! 여기는 "즐거움이 가득한 깨끗한 종이 왕국 무해 월드"였고, 폐기자원을 활용한 친환경 체험 부스에 참여해서 체험인증도장을 모으면 상품을 받을 수 있는 작은 축제의 현장이었다.

무림페이퍼라는 회사에서 친환경 기업 이미지를 전달하기 위해 구축한 팝업 스토어 같았다. 자본의 냄새와 함께 훌륭한 기획력이 돋보였다. '아니 돈 많은 기업에서 이렇게 사회적 가치까지 전달하는 멋진 행사를 해버리면 우리 청소년센터는 어떡하나요!'라는 마음의 비명이 절로 나왔다. 청소년과 가족들의 즐거움, 접근성, 사회적 가치, 기획력, 화제성, 트렌드 모두 놓치지 않은 멋진 팝업 스토어였다. '이런 활동은 청소년센터나 지역기관에서만 할 수 있는 것인 줄만 알았는데…. 휴머니즘과 혁신이 주된 가치가 되어가는 시대가 오니 기업도 이런 행사를 만드는구나!'라는 새로운 충격이 왔다. 기업이 단순히 매출과 이익만 따지는 시대가 가고 기업의 휴머니즘적 이미지와 브랜딩이 핵심이 된 세상이 됐다. 점점 좁아지는 청소년센터의 사회적 입지를 생각해 봤을 때, 기업의 휴머니즘적 가치 추구는 우리에게 득일까, 실일까? 어쩌면 기업의 휴머니즘적 가치와 청소년센터가 추구하는 방향성이 나름 비슷한 길처럼 보이기도 한다. '기업과 청소년계의 연결고리가 만들어진다면 멋진 결과물이 나올지도?'라는 생각과 '기업은 이익을 떼어놓을 수 없으므로 방법은 우리 청소년지도자들과 같아도 원하는 결과물이

다를 수밖에 없어 함께 할 수 없지 않을까?'라는 생각도 동시에 들었다.

그럼에도 내가 근무하는 청소년센터에서 진행하는 기업 연계 사업을 생각하면 장래가 아주 어둡지는 않은 것 같다. 이미 기업 연계 사업을 운영하는 청소년기관은 많고, 이런 휴머니즘적 기업 이미지를 원하는 대중이 많은 사회적 흐름이라면 기업 연계 사업은 앞으로 더더욱 많아질 것으로 예상된다. 기업이 의도적으로 휴머니즘적 가치를 추구한다는 점이 꺼림칙하게 느껴질 수도 있겠지만, 결국 기업이 추구하는 가치는 대중이 만드는 것이기 때문이다. 대중이 휴머니즘을 원하기 때문에 기업도 휴머니즘적 가치를 추구하게 되었고, 이전과 다르게 대중과 더 가까이, 더 친밀하게 다가오려고 노력하게 된 결과물이라고 생각한다. 청소년이라는 '휴먼'을 위해 일하는 우리 청소년지도자가 추구하는 휴머니즘적 가치와 기업이 추구하는 휴머니즘적 가치가 만난다면 엄청난 시너지가 일어나지 않을까? 청소년지도자가 기업 연계 활동을 통해 널리 널리 알려졌으면 하는 작은 욕심도 있다. 실제로 우리 센터에서는 K 기업과 연계해 청소년 사업을 운영하고 있는데 기업이 추구하는 가치와 우리 센터가 추구하는 가치가 일맥상통하는 면이 있어 10년이 넘게 인연이 이어져 오고 있다. 10년간 우리 센터와 K 기업은 매년 MOU 협약을 맺어 서초구 교육 취약 청소년을 지원하는 사업을 운영해왔고 K 기업의 이름 덕에 꽤 많은 청소년이 자부심을 갖고 활동을 이어 나가고 있다. 매년 K 기업에 입사하고 싶은 청소년이 모여 우리 센터에서 열심히 청소년활동을 하는데 우리 센터에서 하는 기업 연계 활동 후기가 블로그에 올라와 있을 만큼 대외 활동의 홍수 속에서 나름 높은 인지도를 가질 수 있게 됐다. 기업은 청소년센터와 함께하는 사회공헌사업으로 휴머니즘적 가치를 추구하는 기업의 이미지를 챙길 수 있고, 청소년센터는 기업이 제공하는 안정적인 사업 운영 재원으로 더 많은 청소년에게 다양한 혜택과 프로그램을 제공할 수 있게 된다. 청소년센터와 기업이 더 긴밀히 협력한다면 기업의 이름과 함께 청소년센터도 지역사회에 알려질 수 있는 홍보 효과도 톡톡히 누릴 수 있을 것으로 기대한다. 결론적으로 휴머니즘적이면서 사회적 가치를 전달하는 멋진 팝업 스토어를 보여주는 무림페이퍼 외 다른 기업들이 앞으로도 더 많은 이런 멋진 행사를 진행해 주었으면 한다. 더 나아가 청소년의 성장이라는 가치를 외쳐주는 어떤 기업의 멋진 휴머니즘적 행사를 기다리며.

청소년 자치+문화예술

=멋진 청소년 활동 프로그램 탄생!

원지영

나이가 들고 연차가 쌓이다 보니 '귀찮다'라는 말이 버릇이 됐다. 경험 하나하나가 의미 있고 신기해서 뭐든 재밌었던 시절이 지났기 때문이리라. 예로 들면 비행기 이륙과 착륙 때 창문 바깥 풍경에 대한 감흥이 첫 비행기를 탔을 때에 비해 뜨뜻미지근하다는 것 정도로 말할 수 있겠다. 나이가 드니 친구들과의 모임에서 사진을 찍는 것도 귀찮아졌고, 나의 고민거리를 털어놓으며 그치? 맞지? 공감을 사는 일도 귀찮아졌다.

청소년지도사로서는 하나하나 프로그램 재료를 만들어내고
활동자료 만드는 열정이 예전 같지 않다. 적당히 준비해도 모든
것이 처음인 아이들은 다 재밌게 한다. 그래서일까 점점 교구
키트로 땜빵 하는 일이 잦아졌다.

그러다가 만난 아이섹 숙명여자대학교 지부 친구들. 내가 다른
팀으로 발령 나면서 인수인계를 받은 동아리 사업인데, 동아리
사업은 청소년 자치활동 그 자체, 내가 발령 난 팀은 예술특화팀.
어쩌다 이렇게 업무 분담이 된 건지 파악조차 하지 못한 채로
어영부영 동아리 사업을 맡아서 동아리 회장과 연락을 시작했다.
포부가 아주 큰 회장이었고, 계획도 찬란했다. 유일한 걸림돌은
내가 문화예술 사업 업무를 맡게 된 청소년지도자라는 것.
아무도 하면 안 된다!라고는 안 했지만, 예술특화팀에 발령이 난
이상, 예술이 빠져 있는 사업을 하는 게 맞나? 작년에 했었다고
그 사업을 그대로 진행해도 되나? 회장과 연락하면서 찝찝한
마음으로 동아리 회장과 연락을 이어나갔다.

- 인수·인계받은 동아리 사업의 키워드
  : 인권, 세계 시민교육, UN, 자치, 인권 불평등

- 내가 올해 맡은 사업의 키워드
  : 문화 예술사업, 레코딩, 청년 전시기획, 공연

달라도 너무 다른 이 키워드를 대체 어떻게 조합하나
골머리가 아파져 왔다. 내가 예술사업팀이라고 자치활동은
칼로 무 자르듯이 쪼개서 제가 올해 발령받은 팀 사업과는 안
맞는 것 같다고 통보하기도 싫었다. 의욕 많고 포부 넘치는
아이섹 숙명여자대학교 지부 친구들의 찬란한 계획을 들은
청소년지도자라면 누구라도 다 나와 같은 생각을 했을 것이다.
이렇게 목표를 향해 빛내고 있는 반짝거리는 눈을 외면할 수
있을까? 그 눈을 외면하기엔 활동을 하고 싶은 친구들의 의지와
신념이 눈부시게 빛난 탓에 그 마음에 난 동화되고 말았다. 그래!
자치와 예술을 합쳐야겠다! 결국 예술은 세상만사의 매개체
아닌가? 동아리 회장에게 자치활동을 문화 예술적으로 풀어낼
만한 체험 거리를 와르르 들고 가서 이것저것 추천해 주고,
자칫 어렵게 느껴질 수도 있는 자치활동을 문화예술 체험과
결합해 프로그램을 운영했을 때의 프로그램 기대효과를 주르르
늘어놓았다. 자치 교육의 내용을 효과적으로 그리고 조금 더

일상적이게, 틀에 박힌 방법적인 내용이 아닌 문화예술이라는 상상의 영역을 활용한 가치관 확장 등등 열심히 동아리 회장을 설득했다. 동아리 회장은 우리 센터의 방향이 그렇다면 적극 협조하겠노라! 선언했고 덕분에 빠르게 추진단계를 하나씩 밟아 프로그램 참가자 모집을 시작했다. 모집 결과는? 거의 20분 만에 참가자 모집이 마감됐다. 접수 마감을 하고서도 충원은 없냐고 물어보는 보호자의 연락을 받기도 했다. 그 외에도 준비물은 없냐는 등 참가자들의 가장 적극적인 문의가 들어왔던 프로그램이었던 것 같다.

영어로 배우는 인권과 자치+문화예술 체험활동의 파워는 꽤 대단했다! 외국인 봉사자가 알려주는 평화권 수업과 인권을 주제로 청소년이 만드는 동화와 연극을 만들어가는 '브릿지 프로젝트' 프로그램. 브릿지라는 이름이 붙은 이유는 문화예술로 인권과 영어를 잇는다는 뜻을 담았기 때문이다.

이 멋진 프로그램을 만든 동아리는 바로 아이섹 숙명여자대학교 지부 친구들. 이 학생 자치 동아리가 기획하는 프로그램을 보면서 저절로 감탄이 나왔다. 하나하나 가위질해서 오려내고 붙이고…. 손 많이 가는 작업이 한둘이 아닌데 아이섹 친구들은 열심히 아이들의 즐거운 프로그램을 위해 조물조물 열심히 만들어 냈다.

그런 작업의 절정이라고 하면 프로그램 참가자들에게 주어진 사탕 목걸이! 주렁주렁 동아리 회장 팔에 매달린 사탕 목걸이를 보면서 그만 빵 터지고 말았다. 스테이플러로 하나하나 찍어낸 이 목걸이는 프로그램에 열심히 참여해 줘서 고맙고 고생했다는 의미로 아이들에게 전달됐다. 사탕 목걸이를 받은 아이들은 기뻐하며 누구는 어깨띠처럼, 누구는 왕관처럼 사탕 목걸이를 몸 어딘가에 걸친 채 귀가했다. 동아리 지도자들이 이렇게 준비하니 아이들도 닮아버렸는지 집에서 준비물을 만들어왔다. 큐빅 스티커를 한 땀 한 땀 정성스레 붙인 왕관이었다. (역할극 활동이었고 왕 역할이어서 필요한 소품이었다.) 이것들은 내가 매일 귀찮다 하면서 점점 생략해 왔던 일들이다. 귀찮음을 감수하고 손이 많이 가도록 프로그램을 준비하니 프로그램에 참여하는 아이들의 만족도는 하늘을 찔렀고 결석조차 없었다. 보호자들은 아이들이 너무 좋아한다고 연락도 주셨다. 내가 귀찮은 일이라고 치부한 것들을 이제부터는 열정이라고 이름을 바꿔 불러보기로 했다. 귀찮음이란 이름으로 둔갑한 나의 잃어버린 열정을 찾아서 총총.

오랜만에 진정한 청소년 자치 프로그램을 해낸 것 같아 기분이 너무 좋았다. 솔직히 말해서 예술특화팀에 발령 났지만,

문화예술과 친하지는 않았던 내가 어떻게 업무를 풀어나가야 할까, 고민이 많았던 시기에 만난 이번 동아리와 함께한 프로그램은 예술특화팀 소속 청소년지도자 원지영에게 또 하나의 성장점과 기대감을 주었기 때문에 더 남다르게 다가왔던 것 같다. 나에게 열정이라는 단어를 다시 되돌아보게 해주었던 선물 같았던 회장 친구야, 고생 너무 많았어!

청소년방과후아카데미에 입사한 다음 해, 4학년 신입생으로 만나 2년을 함께하고 졸업한 아이들이 있다. 가끔 찾아오는데, 남자아이들이 더 자주 온다. 평소엔 공부하느라 못 오지만 시험 기간에 일찍 마치니 시간이 되면 들른다. 삼삼오오 따로 오기도 하고 서너 명이 와서 또 다른 친구의 근황도 알려준다. 최근 학교 시험 기간 중 두 명이 찾아왔다.

시험이 끝나고 들렀다기에 잠깐 방문인 줄 알았지만, 대화 중 한 아이가 진로 고민을 털어놓았다.

"선생님, 자퇴하면 어때요?"

"자퇴? 자퇴가 꼭 나쁜 것은 아니지, 왜 물어?"

망설임 없이 대답하자, 오히려 아이가 당황한 듯 웃었다.

"자퇴하고 검정고시 보면 어떨까 해서요."

"그래, 자퇴하면 검정고시 보면 되겠지. 요즘엔 학교를 그만두어도 대안이 있잖아. 학교밖청소년지원센터에 등록하고 검정고시 공부하면서 진로를 모색해도 좋겠네."

며칠 전에도 두 번이나 찾아왔다가 문이 닫혀 있어서 돌아갔단다. 중요한 진로상담을 하러 다른 사람도 아닌 아카데미 선생님을 찾아오다니. 기분이 좋기도 했지만, 중요한 고민을 나눌 사람이 부족했던 것일까? 학교 선생님이나 부모님과는 상의하지 않고 나를 찾았다는 점에서 마음이 무거웠다.

"왜 나를 찾아왔어?"

"담임선생님은 초보 선생님이라 제가 아직 믿지 못하는 것 같아요. 그리고 부모님께는 아직 말씀드리지 못했어요."

아이의 말에 무거운 책임감을 느꼈다. 그런데 지금이 어느 시대인데 왔다가 문 닫혀 있다고 그냥 가는가. 언제 가면 되냐고 먼저 물어봤으면 좋았을 것을. 아이들은 종종 스마트폰 사용을 어려워하거나 소극적으로 대하는 경우가 있는데, 이 아이도 그렇다고 했다. 하지만 이제는 그 점을 넘어섰으면 좋겠다는 조언을 건넸다.

아이와의 대화는 계속되었고, 자퇴 후 무엇을 하고 싶은지 물었다. 아이는 머리를 쓰는 것보다는 몸을 쓰는 일을 하고 싶다며 소방관을 꿈꾸고 있다고 했다. 지금도 운동을 꾸준히 하고 있다는 말에 그 결심이 진지하다고 느꼈다.

"소방관이 되고 싶다는 그 마음이 대단하네. 그러면 그 목표를 이루기 위해 어떻게 해야 하는지 생각해 보자."

부모님과는 상의가 부족해 보였지만, 자퇴 이후의 대안에 대해 명확한 계획을 세워야 한다는 이야기를 전하며 학교 선생님과 상담할 것을 권하고 선생님들과 상담한 내용을 토대로 부모님과 잘 상의하기를 조언했다.

며칠 후에 전화가 왔다. 아주 당당한 목소리로

"선생님, 저 자퇴했어요, 군인 될 거예요."

머리를 쓰는 일보다는 몸을 쓰는 일을 하고 싶다더니 마음이 바뀌었나 보다. 부모님의 허락을 받은 후, 대학교 취업 지원센터를 통해 국방학과 교수님과 상담해 군인이 되기 위한 구체적인 계획을 세웠다는 것이다. 그러려면 한국사 자격증을 취득해야 하니 학교밖청소년지원센터에 등록하기 전에 우선 한국사 공부를 시작하겠다는 당찬 계획을 들었다.

이 아이 5학년 때, 당시 아이의 어머니로부터 수학 성적이 올랐다는 감사 전화를 받았는데, 그 배경엔 아이들끼리 서로 가르치도록 유도한 학습 방법이 있었다. 나는 수학을 잘하지 못했기에 가르치기 어려워서 아이들에게 솔직하게 털어놓았고, 아이들 스스로가 선생님이 되어 서로를 가르치도록 했다. 이는 자기주도 학습과 협동학습의 효과를 극대화했다.

"수학의 각 장마다 잘하는 사람이 다르니까 누구든 이해한 친구라면 선생님 역할을 할 수 있어요. 그런데, 선생님이라고 배우는 친구에게 무례하게 굴거나 못한다고 면박을 주면, 선생님 자격이 없어요. 답을 알려주지 말고 과정을 이해해 혼자 풀 수 있도록 가르쳐주세요."

누구든 선생님이 될 수 있다는 말에 시키지 않아도 공부를 해 와서 선생님을 했다. 도형에 자신 있는 아이, 연산에 자신 있는 아이 등 각자가 자신 있는 장을 맡았다. 친구들에게 물어보기도 편하니 공부하기 싫어하던 아이도 서서히 적응하면서 공부하려고 하는 모습을 보였다.

내가 수학을 못 한다는 것을 공개함으로써 스스로 공부가 되지 못한다고 생각하는 아이들에게는 선생님도 수학을 잘하지 못했지만, 선생님이 되었다는 면에서 자신감을 줄 수 있다. 못하는 것이 아니라 지금은 다른 친구들보다 조금 느리게 이해하고 있는 것뿐이고, 잘하는 사람도 남들보다 조금 빠르게 이해하는 것뿐이라고 이야기해 주며 서로 열등감과 우월감을 느끼지 않도록 노력했다. 그러니 반 분위기도 매우 좋았다.

아이들을 믿어주고, 스스로 할 수 있도록 도왔다. 자기주도 학습, 협동학습의 효과가 얼마나 큰지, 선생님이 가르치지 못한다 해도 어떻게 해야 아이들이 스스로 공부할 수 있게 되는지 생각해 보는 계기가 됐다. 우리 딸들 어릴 때부터 비교하며 키우지 않은 것에 대한 좋은 점을 생각해 아카데미에서도 신경을 썼다.

아카데미에서의 이러한 경험이 아이가 나를 찾아왔던 이유 중의 하나가 아닐까 싶다. 신뢰하는 어른들께 진로 고민에 대해

도움 받아 적극적으로 해결해 나가는 과정이 멋지다. 지금은 학교밖청소년지원센터에 등록해, 자신이 하고자 하는 일에 열심히 매진하고 있다.

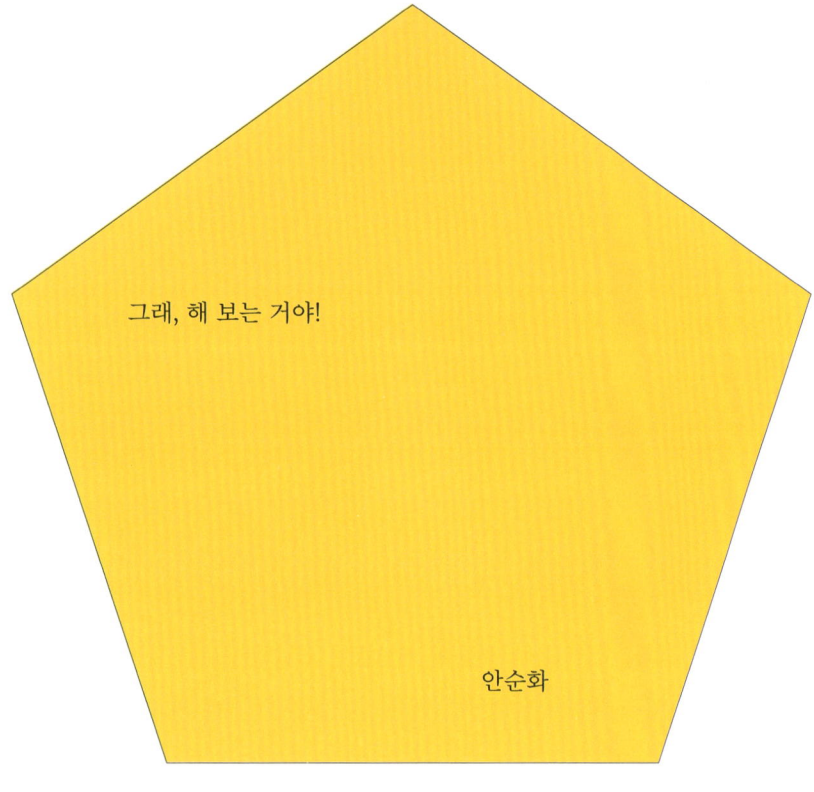

청소년방과후아카데미에서 아이들과 함께 활동하면서 처음 해 보는 것들이 많았다. 살면서 경험하지 않았던 것들을 하나씩 시도하며 작은 성공이 또 다른 용기의 씨앗이 됐다.

담임 시절, 아이들과 함께 시 암송 대회에 나갔다. 문인협회에서 주최하는 대회에 아이들을 참가시키려고 했는데, 팀장님이 선생님들도 함께해 보라고 제안했다. *"제가요? 이 나이에 할 수 있을까요?"* 자신은 없었지만, 아이들이 용기를 낼 수 있도록 내가 하겠다고 하니 아이들도 함께했다. 23편의 시를 전부 외워야 했다. 처음엔 한 줄 외우고 다음 줄을 외우면 앞줄을 까먹었다. 해도 해도 안 되는 데 포기할 것인가, 계속할 것인가 고민하다가 다른 방법을 생각해 냈다. 내 목소리로 시를 녹음해 출·퇴근 시간에 차에서 들으며 외웠는데, 한 편을 외우고 나니 자신감이 생겼다. 외운 것을 잊어버리지 않도록 한 편을 다 외우고 나서 다음 편을 외울 때는 전 편을 함께 외우니 23편이 다 외워졌다. 나이는 숫자에 불과하다는 걸 실감했다. 그해엔 대회에서 상을 받지 못했지만, 다음 해엔 다시 도전해 대상과 상금을 받았다.

해마다 여름엔 바다로 캠프를 간다. 아이들은 어쩜 그렇게 겁 없이 바다에 풍당풍당 잘도 뛰어드는지 신기했다. 처음 갔을 때 아이들이 물 밖에 앉았다가, 안전요원의 지도에 따라 일제히 물속으로 뛰어들었는데 머리가 물에 잠기지 않아 나도 아무 생각 없이 뛰어들었다. 그런데, 물속으로 푸웅덩, 너무 깊이 들어가는 것이 아닌가? 내 몸무게를 생각해야 했다. 얼마나 당황했고 무서웠는지 모른다. 그 뒤로는 엄두가 나지 않아 물속으로 뛰어들지 못했다.

어릴 적, 우리 집은 바닷가에 있었다. 언니와 오빠들은 물에 들어가는 것을 겁내지 않았고, 누가 가르쳐주지 않았어도 물개처럼 여러 가지 수영을 아주 잘했다. 그런데 나만 무서워하고 수영도 못 했다. 왜 그럴까. 어른이 되어 언니에게 들은 얘기로는 내가 아장아장 걸어 다닐 때 바다 옆의 저수지 웅덩이에 빠져서 죽다가 살아났다고 했다. 그래서 그런지, 나의 무의식에 물의 공포가 자리 잡은 듯했다.

초등학교 6학년 여름방학 때, 우리 반은 담임 선생님과 함께 옆 동네 바닷가로 캠프를 갔다. 그때 선생님께서 물에 뜨는 방법을 가르쳐주었다. 물속에 앉아 두 무릎을 양손으로 끌어안고 가만히 있으면, 앞으로 엎어지며 얼굴부터 물에 닿고 숨을 참고 있으면 둥둥 뜰 수 있었다. 이후로도 바닷가에 놀러 갈 때면 얕은 곳에서 얼굴만 물속에 넣어보며 물에 뜨는 연습을 했다. 하지만 여전히 물에서는 튜브가 있어야만 놀 수 있었다.

매년 같은 곳으로 캠프를 갔음에도 불구하고 물속으로 머리가 잠기는 것이 무서워 몇 년 동안 시도하지 못하다가, 2년 전 용기를 내어 풍덩 뛰어들었었다. 깊이 들어갈 것을 알고 심호흡하며 뛰어들었기 때문에 괜찮았고, 별거 아니란 생각까지 들었다. 이후로 몇 번 더 하니 무섭지 않아 1미터 다이빙도 하고 미끄럼틀도 탔다. 무서워서 아무것도 못 하던 내가 먼저 도전하는 모습을 보고, 무서워하던 아이들이 조금씩 용기를 내기도 해 매우 뿌듯했다.

작년엔 태풍으로 캠프를 한 해 쉬었고 올해엔 다시 물에 들어가는 것이 겁나서 망설이며 시간을 보냈다. 둘째 날 오후엔 이 시간을 놓치면 후회할 것 같아 오랜 망설임 끝에 뛰어들었다. 몸이 기억하는지 아무렇지도 않았다. 이것저것 시도하며 열심히 놀았다. 한 안전요원 선생님이 *"선생님, 힘들지 않으십니까?"* 하고 물었다. 나이도 어느 정도 있어 보이는데 하도 이것저것 아이처럼 신나게 놀아서 물었나 보다. *"아이들 데리고 다니려면 이 정도는 아무것도 아니죠, 힘들지 않고 재밌어요."* 라고 하니 대단하다고 하셨다. 선생님이 보고만 있는 것보다 아이들과 함께 놀아야 아이들이 더 즐겁게 잘 놀고, 다녀와서도 이야깃거리가 많아지고 더욱 친근해진다.

캠프 마지막 날엔 어드벤처 타워 활동을 했다. 90여 개의 익사이팅 코스를 체험하는 것이다. 초급, 중급, 고급의 다양한 난이도의 코스가 1, 2, 3층에 구성되어 있다. 모두 안전 장구를 입고 활동을 시작했는데, 4학년 한 여자아이의 몸무게가 20킬로그램으로 체구가 너무 작아 안전 장구를 밑으로 잡아당기니 그냥 빠져서 활동을 못 한다고 했다. *"몸집만 작았지, 야무지게 잘하는 아이라서 하면 잘할 수 있는데 어떡해요."* 하고 몇 번을 말씀드리니 유아용 안전 장구를 입혔다. 키가 작아 혼자는 안전장치 이동을 못 하니 선생님이 도와주셔야 한다고 해서 경험이 있는 내가 함께 다녔다. 안 했으면 너무 아쉬워할 정도로 아이는 겁도 없이 여기저기 날다람쥐처럼 잘도 다녔다. 세 개의 원통 속으로 지나가야 하는 구간이 너무너무 무서웠지만, 아이는 이미 아무렇지 않게 건너가서 나를 보며 기다리고 있었기 때문에 어쩔 수 없이 가야만 했다. 아이의 기세로는 마지막 코스까지 도전할 수 있을 것처럼 보였는데 어려운 코스를 2층까지만 도전하고는 그만하겠단다. 마지막에 뛰어내리는 것까지 해 보자고 설득했지만, 말없이 고개만 저었다. 아쉽지만, 여기까지 도전한 것으로도 장하고 멋졌다.

이 코스는 몇 년 전 뛰어내리려고 올라간 곳으로 꼭대기에서 너무 무서워 몇 번을 앞에 섰다가 뒤로 나오기를 반복했다. 아이들과 함께한 소방 안전 캠프에서 아주 짧고 낮은 짚라인을 처음 탔을 때도 너무 무서워 소리를 질렀던 내가 이 높은 곳에서 뛰어내리려고 한 것도 무모한 짓이라고 생각할 정도로 무서웠다. 뒤에서 응원하며 기다리던 6학년 여자아이에게 *"유진아, 너 먼저 가"*하니, 아이가 어이없다는 표정을 지으며 *"아니, 선생님이 모범을 보이며 먼저 가셔야지, 어떻게 제자한테 먼저 가라고 해요, 너무하시는 거 아니에요?"* 하면서 한 치의 망설임도 없이 뛰어내리는 것이 아닌가? 아이도 뛰어내리는데 나도 해봐야겠다고 생각하며 눈을 질끈 감고 뛰어내렸다. 엄청 빠른 속도로 내려갈 것으로 생각했는데 생각보다 천천히 내려왔다. 엉덩이를 떼는 것이 무섭지, 일단 엉덩이를 떼면 천천히 내려오기 때문에 괜찮았다.

나중에 우리 언니와 함께 당시 우리나라에서 가장 긴 코스라고 하는 짚라인을 탔다. 겁 없는 언니는 자기가 지금 나이가 어렸다면 교관을 했을 것 같다고 할 정도로 재밌게 타는데, 언니를 위해 함께한 나는 걸어서 돌아갈 수 없어 할 수 없이 타기 시작했다. 여덟 개의 코스 중 세 개의 코스를 지나니 비로소 적응되고 괜찮았다. 이것도 우리 아이들과 함께한 여러 경험이 있으니 가능했던 것 같다.

이번에도 그 자리에 섰다. 안전요원이 *"우리 집에 불났다고 생각하고 뛰어내리시면 됩니다."*라고 했다. '이렇게 쉽게 이야기할 일인가. 선생님은 직업이고 매일 하니까 쉽지.'라고 생각하며, 이번엔 잠시 심호흡하고 바로 뛰어내렸다.

앞으로 어떤 도전의 순간이 나를 기다리고 있을지 모르지만, 마주하는 순간 고민하지 말고

'그래, 해 보는 거야!'

저자소개

김현아

청소년자치공간 달그락달그락에서 청소년자치활동을 하고 있다. 대학 다닐 때는 공주로, 달그락에서는 달그릭비키로 불리는 중이다. 밝은 사람은 그늘을 부지런히 빛으로 채우는 사람이라는 말처럼 사회의 그늘 특히 청소년의 그늘을 부지런히 빛으로 채우며 글로 남기고 싶다.

김효빈

'청소년 그 자체'가 되고 싶은 사람.
청소년기에 아픔을 겪어 의정부시고산청소년센터에서 치유하는 시간을 가졌다. 이후 비슷한 아픔을 겪는 이들을 보듬어주고자 청소년 그 자체가 되는 직업인 청소년지도사가 되기로 다짐했다. 현재 의정부시청소년재단을 알리는 블로그 시민 서포터즈로 활동 중이다. hbhb.hrsy@gmail.com

안순화

'평소엔 순하지만 불의를 대할 때는 순하지 않은, 이름과 같은 성격의 청소년지도사. 아이들과 함께하는 사람으로서 아이들이 행복하지 않은 이유에 대해 관심이 많다. 아이들이 행복한 세상이 되길 소망한다. 더불어 나도 일상에서 소소한 행복을 찾고 행복하게 살려고 노력한다. 내가 행복해야 청소년도 행복하다

김은미

세 자녀의 엄마이자 한 남자의 아내. 그리고 언제나 아름다워(나다워) 지고자한다. 청글넷으로부터 '프리랜서'라는 이름을 받았고, 주변 학우로부터는 '연구자'라는 과분한 칭호를 받기도 했다. 각기 다른 이름이지만, 그 사이에는 늘 '글쓰기'가 있었다. 재능도 능력도 없지만 글쓰기 매력에 푹 빠져 일상을 기록하는 한 사람일 뿐이다.

범경아

사회복지학자. 사회복지사, 치료사, 강사, 교수이다. '민족의 일꾼을 키워내는 밑거름이 되는 범경아'라는 삶의 모토로 자녀와 제자들을 양육하는 사회복지 실천가. 돌봄에 종사하는 동료들을 지지하고 돕기 위해 [이음과나눔]연구소를 설립하고, 사람과 사람 사이를 소통으로 잇고, 실천기법과 노하우 나눔을 실천하고 있다.

한신희

일상이 기적임을 매 순간 느끼며 살아있음에 감사한 사람

이주연

청소년과 함께하는 것을 천직이라 생각하며 사람들에게 좋은 영향력을 끼치는 사람이 되고자 노력하는 20년차 청소년지도자.

이경현

청소년의 단짝 친구가 되고 싶은 마음을 담아 프랑스어로 단짝친구라는 의미의 '뽀또'라는 별명을 쓰고 있다. 독산청소년문화의집 청소년지도사로 동네 아이들과 가까이에서 소통하며, 블로그를 통해 청소년지도사로서의 일상을 소개하고 있다. 유능하되 다정함을 가진 좋은 어른이 되길 꿈꾸고 있다.

박진원

점점 토끼가 되어가는 남편을 위해 매일 저녁 화려한 채식 도시락을 준비하는 화성댁. 현재 학교밖청소년부모연대 카페지기로 활발하게 활동 중이다. 두 가지 모두 예상했던 일이 아니어서 지금도 미래의 내 모습에 대한 기대와 걱정이 가득하다. 다행인 것은 두 가지 모두 의외로 재미가 있다는 것. 걱정보다는 기대로 하루하루를 살기로 했다.

원지영

'방배유스센터에서 근무하는 8년차 청소년지도사. 어떤 청소년지도사가 되어야할지, 내가 그리는 청소년지도사가 될 수 있을지 고민과 근심이 많았던 사람. 청글넷을 만나 그 고민을 글로 풀어낼 수 있게 되었고 청소년을 위해 일하는 동료들에게 위로와 응원을 받고 있다. 청소년을 사랑하는 모든 이들이 홀로 된 기분에 울적할 때 청글넷과 이 책이 다정한 위로가 되었으면 한다.

김영희

내 인생에 우연히 만난 청소년지도사. 첫번째 직업도 마지막 직업도 청소년지도사로 살고 싶다. 청소년활동으로 청소년이 행복하고 건강하길 바란다.

오-글

1판 1쇄 발행일 2025년 3월 13일

저자	김현아 김효빈 안순화 김은미 범경아 한신희 이주연 이경현 박진원 원지영 김영희
발행인	정건희
출판사	리빙룸루틴
교열	이지현
기획	청글넷, 청소년자치연구소(사.들꽃청소년세상)
북 디자인	지수빈

본 책은 저작자의 지적 재산으로서 무단 전재와 복제를 금합니다.

ISBN 979-11-988858-3-8 (02330)